新型农民致富读本

主编⊙杨海燕

副主编⊙赵玉霞　杨子波

四川大学出版社

责任编辑:敬铃凌
责任校对:夏　宇
封面设计:阿　林
责任印制:王　炜

图书在版编目(CIP)数据

新型农民致富读本 / 杨海燕主编. —成都: 四川大学出版社，2015.2
ISBN 978-7-5614-8375-6

Ⅰ.①新…　Ⅱ.①杨…　Ⅲ.①农业经营-案例-中国
Ⅳ.①F324

中国版本图书馆 CIP 数据核字（2015）第 037047 号

书名　**新型农民致富读本**

主　　编　杨海燕
出　　版　四川大学出版社
地　　址　成都市一环路南一段 24 号（610065）
发　　行　四川大学出版社
书　　号　ISBN 978-7-5614-8375-6
印　　刷　郫县犀浦印刷厂
成品尺寸　185 mm×260 mm
印　　张　10
字　　数　200 千字
版　　次　2015 年 2 月第 1 版
印　　次　2017 年 10 月第 6 次印刷
定　　价　20.00 元

版权所有◆侵权必究

◆读者邮购本书,请与本社发行科联系。
电话:(028)85408408/(028)85401670/
(028)85408023　邮政编码:610065
◆本社图书如有印装质量问题,请
寄回出版社调换。
◆网址:http://www.scupress.net

前　言

“农民”，《现代汉语词典》（第六版）给出的定义如下：“在农村从事农业生产的劳动者。”新型农民没有统一定义，对于什么样的农民朋友才算得上“新型农民”也没有统一标准。

那到底什么是新型农民？目前网络上的看法为，“新型农民”应该是有文化、懂技术、会经营的农民。从经济学角度看，新型农民就是“农商”。传统的农民是农夫，农夫与自然经济相契合，日出而作，日落而息。

为什么要培养新型农民？培育新型农民是社会主义新农村建设的重要基础。农民知识化进程的快慢，在很大程度上决定着农业和农村现代化发展的步伐，决定着我国经济社会发展第三步战略目标的实现。培育新型农民是统筹城乡经济社会发展的必然要求。提高农民素质，是促进传统农业向现代农业转变，从根本上解决“三农”问题的关键所在，是加快转移农村富余劳动力，推进工业化和城镇化，将人口压力转化为人力资源优势的重要途径，也是促进农村经济社会协调发展的重要举措。大量的农业科技成果最终要被农民所掌握才能转化成为现实生产力。广泛开展各种形式的农业实用技术培训、职业技能培训、劳动力转移培训，培育新型农民是农民增加收入的重要途径。

中国农村地域辽阔，自然条件千差万别，经济发展水平参差不齐，这就决定了中国的新型农业经营主体也必然呈现出多元化、混合型的发展格局，专业大户、家庭农场、农民专业合作社、农业龙头企业及各类社会化服务组织等都是新型农业经营主体的有机组成部分，但这些新型经营主体或是从家庭经营的基础上发展起来的，或是与家庭经营的农户有着千丝万缕的联系。截至2013年年底，全国经营面积在50亩以上的农村专业大户超过317.5万户，家庭农场超过87万家。截至2014年3月底，全国依法登记的农民合作社达106.8万家，实有入社农户8 148万户。全国各类龙头企业超过12万家，所提供的农产品及加工制品占农产品市场供应量的1/3。

基于此，我们从新型农业经营主体的现状出发，编写了这本《新型农民致富读本》，期望能对农民朋友在工作、生活中有所帮助。全书分政策惠顾篇、家庭农场篇、种粮大户篇、农民合作社篇、海外借鉴篇等，附录中收录了中共中央、国务院《关于加大改革创新力度加快农业现代化建设的若干意见》，也就是大家熟知的“2015年中央一号文件”。其中，“政策惠顾篇”主要介绍了目前国家对新型农民、新型农业方面的有关政策，便于农民朋友掌握；“家庭农场篇”主要介绍了近年来全国知名的家庭农场主在经营管理中的经验；“种粮大户篇”介绍了全国一些粮食产区的种粮大户是如何种粮的，分享了他们的成功做法；“农民合作社篇”介绍了一些有特点的农民专业合作社及其理事长和社员在经营中的酸甜苦辣，以及成功经验和失败教训；“海外借鉴篇”介绍了一些国家和地区现代农业的做法和现状，以资借鉴。

参与本书编写的有：杨海燕、赵玉霞、杨子波、马伟、李国征、杨俊玲、郭红等同志。在编写过程中，我们参考了大量报纸、杂志，引用了一些媒体报道的典型事例和文章，在此对上述媒体表示真诚的谢意！凡是本书参考的文章涉及的作者，如我们还没有与您取得联系，请把本人文章的标题、字数、发表刊物、作者姓名、联系方式等发至1572608120@qq.com，我们将奉寄薄酬。

由于时间仓促，水平有限，难免出现错谬之处，请读者朋友批评指正，我们将在再版时给予订正。

编　者

2015年2月

政策惠顾篇

家庭农场篇

种粮大户篇

农民合作社篇

海外借鉴篇

附　录

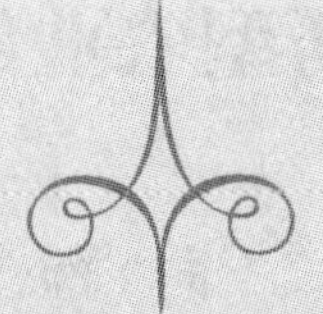

政策惠顾篇

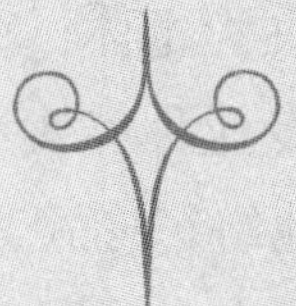

什么是新型农业经营主体

所谓新型农业（含林业、渔业，下同）经营主体是指在家庭承包经营制度下，经营规模大、集约化程度高、市场竞争力强的农业经营组织和有文化、懂技术、会经营的职业农民。

发展新型农业经营主体是相对于土地家庭承包经营主体而言的，是适应农业市场经济发展和提高农民组织化程度的要求，在坚持农村土地家庭承包经营、发挥千家万户积极性的基础上，通过创新农业发展的组织形式，促进农村土地流转，壮大农村市场主体。其重点是扶持发展家庭农场（农业经营大户）、各种类型的农业合作社、公司化农业企业等，增强其自我服务和竞争、发展能力，加快农业的市场化、现代化进程。

实践表明，新型农业经营主体是农业先进生产力的代表，是推进农业转型升级和粮食增产、农业增效、农民增收的主要力量。近年来，全国各地新型农业经营主体数量不断增多，但所占比重仍不高，单个实力不强，农民老龄化、生产兼业化、土地经营零碎化的状况还没有根本改变，这些现状制约了现代农业的发展。各级政府要充分认识新型农业经营主体在发展现代农业中的作用，切实加强组织领导，采取有效措施，加大扶持力度，加快培育发展新型农业经营主体。

其目标是坚持政府引导，以农民为主体，分类推进，不断完善农业经营体制机制，形成以家庭承包农户为基础，专业种养大户、家庭农场和合作农场、农民专业合作社、农业龙头企业为骨干，其他组织形式为补充的新型农业经营主体队伍。

截至2013年年底，全国经营面积在50亩以上的专业大户超过317.5万户，家庭农场超过87万家。截至2014年3月底，全国依法登记的农民合作社达106.8万家，实有入社农户8 148万户。全国各类龙头企业超过12万家，所提供的农产品及加工制品占农产品市场供应量的1/3。

什么是家庭农场

家庭农场是指以家庭成员为主要劳动力，从事农业规模化、集约化、商品化生产经营，并以农业收入为家庭主要收入来源的新型农业经营主体。

在美国和西欧一些国家，农民通常在自有土地上经营，也有的以租入部分或全部土地经营。农场主本人及其家庭成员直接参加生产劳动。早期家庭农场是独立的个体生产，在农业中占据重要地位。

中国农村实行家庭承包经营后，有的农户向集体承包较多土地，实行规模经营，也被称之为家庭农场。2013年，“家庭农场”的概念首次在中央一号文件中出现，鼓励和支持承包土地向专业大户、家庭农场、农民合作社流转。

发展家庭农场是提高农业集约化经营水平的重要途径。由于刚刚起步，家庭农场的培育发展还有一个循序渐进的过程。政府应鼓励有条件的地方率先建立家庭农场注册登记制度，明确家庭农场认定标准、登记办法，制定专门的财政、税收、用地、金融、保险等扶持政策。

据农业部统计，截至2012年年底，全国30个省、区（不含西藏）、市共有符合本次统计调查条件的家庭农场87.7万个，经营耕地面积达到1.76亿亩，占全国承包耕地面积的13.4%。平均每个家庭农场有劳动力6.01人，其中家庭成员4.33人，长期雇工1.68人。

从经营范围来看，主要以种养业为主。在全部家庭农场中，从事种植业的有40.95万个，占46.7%；从事养殖业的有39.93万个，占45.5%；从事种养结合的有5.26万个，占6%；从事其他行业的有1.56万个，占1.8%。

数据显示，全部家庭农场经营耕地面积达到1.76亿亩，占全国承包耕地面积的13.4%。平均每个家庭农场经营规模达200.2亩，是全国承包农户平均经营耕地面积7.5亩的近27倍。与普通农户相比，家庭农场的增收效果十分明显。2012年，全国家庭农场经营总收入为1 620亿元，平均每个家庭农场为18.47万元。

什么是种粮大户

种粮大户是指同时具备特定条件的自然人、法人、专业合作组织或其他组织。关于认定条件，不同的地方有不同的标准。种粮大户补贴一般实行动态调整机制，具体补贴标准按当年粮食直补和农资综合补贴方案的相关规定执行。

以四川省为例。从2013年起，四川省财政进一步加大对省内种粮大户的补贴力度，着力促进粮食增产与农民增收。其具体标准为：种粮大户种植面积分30亩～100亩、100亩～500亩、500亩以上三个档次，并分别按每亩40元、60元、100元的标准进行补贴。此项政策对稳定四川省粮食生产，严格保护耕地和基本农田，确保省内粮食总量平衡、基本自给起到了积极作用。

什么是农民专业合作社

《中华人民共和国农民专业合作社法》第一章总则第二条对农民专业合作社进行了简要的定义，包括两个方面的内容：

一方面，从概念上规定合作社的定义，即“农民专业合作社是在农村家庭承包经营基础上，同类农产品的生产经营者或者同类农业生产经营服务的提供者、利用者，自愿联合、民主管理的互助性经济组织”；

另一方面，从服务对象上规定了合作社的定义，即“农民专业合作社以其成员为主要服务对象，提供农业生产资料的购买，农产品的销售、加工、运输、贮藏以及与农业生产经营有关的技术、信息等服务”。

农民专业合作社是在农村家庭承包经营基础上，同类农产品的生产经营者或者同类农业生产经营服务的提供者、利用者，自愿联合、民主管理的互助性经济组织。

农民专业合作社以其成员为主要服务对象，提供农业生产资料的购买，农产品的销售、加工、运输、贮藏，以及与农业生产经营有关的技术、信息等服务。

有多少农民合作社被认定为国家示范社

2014年12月，农业部、发改委、财政部、水利部、国家税务总局、国家工商总局、国家林业局、银监会、全国供销总社等九部门联合下发了《关于公布国家农民合作社示范社名单的通知》（以下简称《通知》），总共认定4 013家合作社。其中，北京互联农机服务专业合作社等3 759家合作社为国家农民合作社示范社，北京密云县蔡家甸东沟农民用水合作社等254家用水组织为全国农民用水合作示范组织，为农民合作社规范发展树立了新的榜样。

这批示范社是全国联席会议按照《国家农民专业合作社示范社评定及监测暂行办法》的规定，在各地组织推荐的基础上，经审查复核和媒体公示后评定的。

发展农民合作社，是构建新型农业经营体系和推进农村改革发展的重要举措。《通知》要求，国家示范社作为农民合作社的先进典型，要珍惜荣誉，再接再厉，努力做大做强；要强化服务成员宗旨，积极提供专业化社会化系列化服务，不断满足成员发展农业生产经营的需求；要健全规章制度，加强民主管理，保障成员各项权利；要大力推行标准化生产，注重农产品品牌建设，提高产品质量；要坚持守法经营，积极弘扬团结互助、诚信友爱的合作文化，充分发挥表率作用，示范引领广大农民合作社提高发展质量和水平。

《通知》要求，各有关部门要按照中央要求，落实和完善扶持政策，强化指导服务，积极支持国家示范社发展。要加强监督管理，实行动态监测，建立淘汰机制，不断提升国家示范社队伍的先进性、纯洁性。要引导广大农民合作社向国家示范社学习，建立健全各项规章制度，完善利益分配机制，不断提高市场竞争能力和带动农户能力，为发展现代农业，促进农民增收，建设社会主义新农村做出新贡献。

如何培育各类新型农业经营主体

（1）大力培育专业种养大户和现代职业农民。立足提升传统农民，引入新型农民，着力培育一批骨干农民，推动农业经营主体职业化。支持有文化、懂技术、会经营的农村实用人才和农村青年致富带头人，通过流转土地等多种方式，扩大生产规模。支持高等院校、中等职业学校毕业生以及农业科技人员从事农业创业。支持外出务工农民、个体工商户、农村经纪人等返乡从事农业开发。

（2）支持发展家庭农场和合作农场。鼓励有一定规模的种养大户成立家庭农场，符合登记条件的可以申领个体工商户或个人独资企业营业执照。鼓励农户以土（林）地承包经营权作价入股农民专业合作社或者以林权出资成立公司。支持引导合作农场将股份合作的土地进行整理规划，引进专业种养大户或专门生产经营管理人员，发展标准化、生态化、专业化生产。

（3）提升壮大农民专业合作社。深入开展以“运行规范化、生产标准化、经营品牌化、社员技能化、产品安全化”为主要内容的农民专业合作社“五化”创建活动，提高农民专业合作社运行质量。开展农民专业合作社联合社试点，在试点地区允许农民专业合作社以法人身份按产业链、产品、品牌等组建联合社，着力打造一批大社强社。支持农民专业合作社独立或联合其他生产经营组织兴办加工、流通服务业，完善生产设施，扩大产销对接，提升生产经营、市场开拓和组织带动能力。开展农民专业合作社信用体系建设，建立诚信评价体系。鼓励有条件的农民专业合作（联）社兴办农村资金互助社，拓展服务功能。积极支持农民专业合作社联合会为合作社提供农产品展示展销、委托代理财务、联合兴建服务设施、协调信用授信等服务，促进农民专业合作社间的分工与合作。

（4）支持农业产业化龙头企业做强做优。引导农业产业化龙头企业通过品牌嫁接、资本运作、产业延伸等方式进行联合重组，着力培育一批产业关联度大、带动能力强的大企业。鼓励有条件的农业产业化龙头企业上市。支持农业龙头企业开展技术改造，开发新技术、新产品、新工艺，发展现代种业、农产品加工流通业。鼓励有条件的农业产业化龙头企业和农民专业合作社等申报驰名商标（工商部门认定）和著名商标、知名商号、中国名牌、中国名牌农产品等，注册地理标志证明商标、集体商标，创建区域品牌。鼓励农业产业化龙头企业推行ISO、GAP、HACCP、MPS等认证，推行水产品对欧盟出口注册、低酸罐头对美国FDA注册以及FSC森林认证，提高产品质量。

（5）大力发展农业服务组织。加快构建以公共服务机构为依托，合作经济组织为基础，农业产业化龙头企业为骨干，其他社会力量为补充，公益性服务和经营性服务相结合，专项服务和综合服务相协调的新型农业服务体系。全力抓好基层农业公共服务体系建设，逐步改善服务条件，增强服务功能。发挥农民专业合作社在农业社会化服务中的基础作用，支持其开展农业生产性全程服务和专业化服务。省级粮食生产功能区要建立以农机作业为基础的农机（粮食、植保）专业合作社，实行“一区一社”全程服务；现代农业综合区、台湾农民创业园要统筹建立专门的农业社会化服务组织。支持规模养殖场联合成立农民专业合作社，开展统一饲料供应、兽药配送、排泄物综合利用和屠宰加工等服务。发挥农业产业化龙头企业、供销社在农产品加工仓储、农业生产资料供应和市场建设中的骨干作用，做好农业产前、产后服务。农村经济合作社要做好为家庭承包农户的服务。

为什么要大力培育新型经营主体和新型职业农民

农民专业合作社是目前提高农民组织化程度的有效形式，包括农民专业合作社、家庭农场在内的未来农业发展新模式，将会逐渐成为现代农业发展的领跑者。以江西为例，2014年8月，江西的家庭农场和农民合作社有2.51万家，拥有成员124万户，占农户总数的14.1%。2013年全省耕地面积流转650万亩，流转比例为20.5%。

加快现代农业发展，唯一的出路就是建立新的土地经营机制，走土地规模经营的路子。也有专家认为，推行农村土地承包经营权确权登记势在必行，但要根据实际情况，尊重农民意愿，选择合适的确权、确股、确地颁证形式。江西省农业厅负责人回应说："江西的土地确权颁证工作已在60%的行政村铺开，2014年可基本完成，我们总结出了定成员、准登记、赋真权、颁铁证的'土地确权江西工作法'。"

"现代农业改革的目的是为了让老百姓能端牢'饭碗'，保证国家粮食安全。因此在土地流转过程中一定要坚守农田不能减少、粮食不能减产、农民不能减收的这条红线。"江西省农业方面的专家魏洪义建议，推进农村土地流转应提倡适度规模经营，要保证流转的土地不改变用途和性质，防止耕地非农化，保证耕地质量不退化，确保粮食生产能力。

江西省政协委员马岩波建议，在推进农业规模经营过程中可以发挥专业大户、家庭农场、农民合作社、农业龙头企业等各自的优势，加快培育新型农业经营主体。"农民是新农村建设的主体，发展现代农业，推进农业发展方式转变，必须大力培育新型职业农民。"江西省政协委员潘华呼吁建立一整套以教育培训制度、认定管理办法和支持扶持政策为主要内容的培育体系，把农村土地流转给愿意种地且"有文化、懂技术、会经营"的新型职业农民手中。

江西省政协专门成立了调研组深入吉安、鹰潭等地开展调研，走访当地家庭合作农场、专业合作社、现代农业科技示范园等现代农业经营主体，详细了解当地新型农民合作社建设、土地流转、现代农业服务体系建设等情况。调研发现，新型农业经营主体总体实力不强，农业社会化服务功能较弱，新型农业经营主体融资难、保险难、扶持政策落实难等问题是制约江西现代农业发展的主要问题。

在培育新型农业经营主体方面，必须以农户家庭经营为基础。2014年，中共中央办公厅、国务院办公厅印发了《关于引导农村土地经营权有序流转发展农业适度规模经营的意见》（以下简称《意见》）。《意见》指出：要加快培育新型农业经营主体，重点培育以家庭成员为主要劳动力，以农业为主要收入来源，从事专业化、集约化农业生产的家庭农场，使之成为引领适度规模经营，发展现代农业的有生力量；分级建立示范家庭农场名录，健全管理服务制度，加强示范引导；鼓励各地整合涉农资金建设连片高标准农田，并优先流向家庭农场、专业大户等规模经营农户。

我国现代农业的发展既不应该也不可能以农民的衰落乃至终结为代价，又不可能简单排斥农业企业进入，必然是一种混合型经营的发展态势。从世界各国农业发展实践看，家庭经营是最普遍的农业经营形式。农业生产的监督成本较高，农户家庭成员之间的经济利益高度一致，不需要精确的劳动计量和监督。较之其他经营方式，家庭经营具有更好的适应性。

专家们指出，要构建和完善新型经营主体的政策支持体系，应改善生产性基础设施条件，完善土地经营权抵押融资功能，强化抵御风险能力。同时，对促进农民工市民化等要有相应的制度设计。

对于工商资本进入农业，要探索建立严格的工商企业租赁农户承包耕地准入和监管制度，要有明确的上限控制，要进行资格审查和项目审查；要鼓励和支持工商企业发展现代种养业，支持其进入农产品加工流通和社会化服务领域，与农户、农民合作社建立紧密的利益联结机制。

四川省在新型农业经营主体培育方面情况如何

截至2014年9月，四川省经工商登记的农民合作社为41 855个，其中省级示范社1 030个；30亩以上的种粮大户13 391户，养殖大户8 532户，家庭农场6 267家，龙头企业达到8 500家。

四川省农业厅大力培育新型农业经营主体，构建以农户家庭经营为基础，合作与联合为纽带，社会化服务为支撑的立体式复合型现代农业经营体系。

主要措施包括：着力培养新型职业农民，大力培育专业大户和家庭农场，加快发展农民合作社，做强做优农业企业；积极创新新型农业经营主体的经营机制，全面推进农村土地承包经营权确权登记颁证，建立健全农村土地流转机制，发展土地股份合作社，抓好农村集体经济组织股份制改革试点；努力强化新型农业经营主体的培训教育，着力优化新型农业经营主体的发展环境等。

政府部门如何扶植农业新型经营主体发展

新型农业经营体系的构建关键在于新型农业经营主体的培育。较之其他经营方式，家庭经营在农业中具有更好的适应性。强调家庭经营的基础性地位，必须按照十八届三中全会的要求，坚持以家庭经营为基础，多种经营形式共同发展，大力培育新型农业经营主体，加快构筑集约化、专业化、组织化、社会化相结合的新型农业经营体系。

培育新型农业经营主体，应推进农户流转承包土地的经营权，发展多种形式适度规模经营。要按照依法、自愿、有偿原则，鼓励农民以各种形式流转土地承包经营权。继续鼓励发展专业大户、家庭农场，以及专业合作、股份合作等多种形式的农民合作。支持各类合作社开展联合合作，建立合作联社。对于农业产业化龙头企业，要支持与农户建立紧密的利益联结机制。

要在巩固加强现有农业公共服务机构的基础上，加快培育各类农业社会化服务组织，构建完善的现代农业服务体系。要充分发挥市场机制的作用，放开搞活各类经营性服务，并通过政府购买和政策引导，吸引经营性服务组织从事农业公益性服务，为农业生产提供低成本、便利化的服务。

解决农村金融服务，一方面要靠正规金融，努力建立为农村服务的金融支持体系，另一方面要支持发展农村合作金融。解决农村金融必须要有政府的介入和支持。

我国农业新型经营主体发展还处于初始阶段，需要政府加大扶植力度，推动新型经营主体加快发展壮大。要适应构筑农业新型经营体系，实现农业现代化的新要求，重新研究建立政府对农业的支持体系，并要通过人大立法加以保障。要发挥财政资金的引导作用，通过贴息奖励、风险补偿、税费减免等方法带动社会资金更多地投入新型经营主体和适度规模化经营中去。

要把人的培育放在重要位置。大力实施新型农民科技培训工程，围绕主导产业和特色产业培训专业农民。建立多渠道、多层次、多形式的农民教育体系，切实提高农民职业技能。重点加强对新型农业经营主体的培育，全面提升他们的素质，使他们成为懂技术、懂经营管理、有眼光的新型农民，发挥他们在现代化农业建设中的引领和带动作用。

新型农业经营主体期盼政策倾斜

在多方因素的综合作用下，2014年我国夏粮主产区再获丰收，迎来“十一连增”。其中以家庭农场、种粮大户、粮食生产专业合作社等为代表的新型农业经营主体成为粮食丰收的重要推动力。然而，在迎来丰收喜悦的同时，在湖北、安徽、陕西、河南、山东等粮食主产区的不少新型经营主体反映，当前农业发展还面临一系列制约因素。特别是随着土地流转进程的加快，基础设施薄弱的问题日益明显，给粮食集约化生产带来很大困难。同时，在种粮补贴、农村融资、农业保险等方面，政策落实不力的情况也普遍存在。

农村基础设施建设投入不足。

“一千多亩地一口井都没有。”道路、水利等基础设施的建设投入巨大，让农业经营主体难以独自承担。

“没有晾晒场地，卖粮少赚近3万。”晾晒用地稀缺、烘干设施落后等问题在粮食主产区也普遍存在，粮食难以“颗粒归仓”成为制约不少粮农发展粮食生产的“瓶颈”。

安徽省宿州市埇桥区种植家庭农场主何勇表示，随着土地流转进程的加快，新型经营主体需要购入大型机械设备，比如播种机、收割机等，但现在村村通公路约为4米宽，而有的农机宽度超过了4米，在公路上“走”得很费劲。同时，由于缺乏必要的土地平整设施，沟渠路边的土地高低不平，不适合大型机械操作，给粮食的集约化生产带来很大困难。

水利设施不足也给粮食生产带来考验。53岁的谢实营是河南省淮滨县种粮大户，目前从两家部队农场承包了2 500亩耕地。老谢说，农民常说“有收没收在水”，对于种粮大户来说，基础设施尤其是水利设施好了，相当于产粮有了“稳压器”，但从实际情况看，在一些地方这个“稳压器”还不太稳。

“我承包的地块里，有一千多亩目前一口井都没有，另外一半地块平均100亩一口井。”谢实营说，“淮滨处在淮河流域，本来是水资源很丰富的地方。但这两年天气反常，有的三伏天两个多月不下雨，今后如何保障种地水源是个问题。”

河南省武陟县乔庙乡农民王福军介绍，因为水利条件差，这两年水稻种植面积一直在减少。记者在王福军所在的合作社附近看到，由于缺水，一些农民把原本该种水稻的土地改种了大豆。

何勇说，由于没有晾晒场地，无法集中晾晒，又怕下雨麻烦更大，无奈之下，有时收割时，在田间地头就把粮食卖给经纪人了，每斤价格要少卖1角多钱。如果不及时卖，堆在自家的仓库里，可能会发生霉变，损失会更大。他说，去年种植300亩玉米，亩产700斤，总共20万斤以上，由于没有晾晒场地，卖粮食少赚了近3万元。

“我们算过一笔账，由于晾晒、烘干不到位，平均每年损失的小麦达到总量的5%。遇有强‘秋淋’天气，玉米损失的数量比小麦还要多。”河南省浚县种粮大户熊秀杰说。

针对粮食晾晒、烘干存在的问题，基层普遍建议，有关部门应为缓解晾晒难提供一定扶持。比如在粮食主产区集中兴建一批粮食晾晒烘干场所，或者及时将粮食烘干机械纳入农机补贴范围，并扶持种粮大户建设晾晒烘干场所，缓解种粮大户的燃眉之急。

专业信息服务基本空白。随着农地加速流转，各地种粮大户不断涌现，但与之相配套的农技推广、农机服务、病虫害防治、市场信息、产品营销等农业社会化服务发展相对滞后，不少种粮大户不得不“自操自办”，甚至患上“大包大揽症”。

河南省信阳市息县彭店乡农民柳学友流转了超过3 000亩地种高粱。他说，高粱种植对播种技术、农药施用有很高要求，但县里植保合作社人才短缺，雇工大多是55岁以上的闲散劳力，很多人不会使用农机具，对于药物配比、机械喷洒等方面掌握得也不精准，农药残留经常超标。为解决高粱植保难题，柳学友不得不自己组织二十多人的植保劳务队，育苗、播种、田间管理、收割、归仓，“环环不落”，事事都得“亲力亲为”。

“后继乏人”是安徽省枞阳县前河农机服务农民专业合作社负责人汪夏最为担心的问题。他说，现在合作社里的农机手普遍在45周岁以上，受反应速度、动作敏捷性等因素制约，他们再干5到10年就要“退休”，但这个活总需要有人干，后继乏人这个问题很棘手。

由于农业社会化服务体系不健全，基层对新型农业技术使用的积极性并不高。一些新型农业技术虽然具有明显的增产、节本、增效潜力，却因为缺乏从中央到地方的奖励措施而难以有效推广。

合理制定粮食补贴政策。“20元补贴无异于杯水车薪。”目前粮食种植各项补贴政策鼓励种田的导向作用在一些地方有所弱化，难以调动基层的种植积极性，尤其挫伤了增产稳产“排头兵”的新型经营主体的积极性。

2015年中央一号文件提出，要完善农业补贴政策，新增补贴向粮食等重要农产品、新型农业经营主体、主产区倾斜。“这个政策很有针对性，听了真是暖心坎。”湖北省宜城市雷河镇辛常村的种粮大户童启国说。但从目前来看，他还没完全享受到该优惠政策，粮食补贴和农机购置补贴有时有，有时没有；土地流转后，还是流转土地后进城务工的农民拿补贴，新型经营主体拿不到补贴。

“享受不到国家的粮食补贴，这是新型经营主体面临的普遍现象，肯定会影响种粮的积极性。”安徽省寿县贤成家庭农场主孙贤成说，县里出台了补贴政策，对种植200亩以上土地的新型经营主体每亩地每年补贴20元，但加上流转费用，每亩地的年均生产成本近2 000元，20元补贴无异于杯水车薪。

孙贤成说，在他流转的区域范围内，农民每年每亩地能拿到的各类粮食补贴超过160元。“我们真正种粮的，只拿20元的补贴；而那些不种地的农民，却可以拿到160元的补贴。这怎么能说是在鼓励种粮呢？”

受访新型经营主体认为，各地可在稳定现有补贴政策的基础上，新增种粮补贴，并向粮食商品率高、社会贡献大的现代经营主体倾斜，通过加大对土地流转、农机具购置等补贴力度，推动土地流转和社会化服务组织发展，实现规模经营。

面临融资难题。“借款70万，利息支出近10万。”新型经营主体资金季节性需求大，但缺乏有效抵押物。

“党的十八届三中全会提出，赋予农民对承包地占有、使用、收益、流转及承包经营权抵押、担保权能。”何勇表示，如果承包经营权可以抵押了，他的融资难题就有希望解决了。然而，当何勇找到银行时，银行还是以缺乏有效抵押物为由拒绝了他。

何勇说，他去年共计投入近100万元进行土地整治、添置农业机械等。这些钱有时向亲友借，有时只能从民间借贷，需要承担高昂的利息。“去年我的各类借款超过70万元，仅利息支出就近10万元。干农业本来利润就低，融资难，让利润更薄了。”

不少粮农还建议，建立贷款担保扶持制度，把新型经营主体贷款纳入中小企业担保公司的业务范畴，或单独成立农业担保公司服务于农业贷款；同时，参照国家对其他类型企业贴息贷款政策，让新型经营主体也享受贴息贷款优惠。

依靠农业保险，降低种植风险。“交了1万多元保费，赔付了近4万元。”为了解决农业生产风险较高的问题，近年来，多个省份试点政策性农业保险，发挥了农业发展“稳定器”“保护伞”作用，受到广大农民，特别是新型经营主体的欢迎。

安徽省淮河粮食产业联合体负责人李清武表示，为了抵御风险，他去年为2 000多亩玉米投保，共交了1万多元保费。由于遭遇自然灾害，部分农田里玉米减产30%左右，保险公司来实地查勘定损后，赔付了近4万元，是近年来赔付最高的一年。

尽管部分农户依靠农业保险降低了种植风险，但仍有不少种粮大户表示，由于农业保险保额低，化解风险作用较为有限。

为降低农民投资风险，建议进一步扩大农业保险覆盖范围，并适当提高保险的赔付比率，从而降低或化解种粮风险，让新型经营主体能够放心种粮。

泗阳：农业保险为何推得开

农业保险意义重大。但现实中，农业保险的推广面临风险大保险公司不愿干、掏钱多农民不愿买、补贴大政府不愿推等困难。而在江苏省农业保险工作示范县泗阳县，主要粮食作物水稻、玉米、小麦、油菜等的承保面达到95%以上，基本做到了应保尽保。

由怀疑拒保到主动参保

县委书记李荣锦介绍，泗阳采用“联办共保”机制推广政策性农业保险，政府主导，商业化运作。县政府与人保公司按照5：5的比例承担风险责任，分配保费收入。农民投保缴小头，政府补贴补大头，最大限度保护农民利益。

2007年泗阳启动农业保险。起初，农民对农业保险并不接受，有的甚至把上门宣传的农险员推出门外。因为他们普遍心存疑问：农业保险到底骗不骗人？会不会“肉包子打狗”？

强化宣传，打消顾虑。泗阳通过印发资料、媒体宣传、街头咨询等形式，大张旗鼓地宣传农业保险，帮助农户了解条款，增强参保意识。

要让农民真正接受农业保险，关键要让农民得实惠。以泗阳的能繁母猪保险为例。每头母猪保费60元，农户只需交6元，而每头赔付金额高达1 000元。张家圩镇向阳村养猪大户张虎说："上保险很划算，乡亲们自然积极参保。"

完善网络，规范运作，保障农险顺利推开

"农业保险政策性强，涉及面广，工作量大，加强网络建设对于农险工作顺利开展意义重大。"泗阳县县长刘海红说。

县农险办主任张佳胜介绍，泗阳建起了县、乡、村"三位一体"的农业保险工作服务网络：2011年11月县委农工办增设农业保险科，在19个乡镇设立保险服务站，在252个村居建立了保险服务点。县里还每月一次对乡镇农险站长、农险员、村农险协保员进行培训，帮助他们全部取得了保险人代理资格证书。

县农险办与财政局联合出台了《泗阳县农业保险资金暂行管理规定》，查勘理赔公开程序，统一标准，理赔清单统一在村里公示不少于7天，所有理赔款一律通过"一折通"直接发放到受灾农户手中。这些制度措施，切实保障了农险成为惠民工程、阳光工程，深受农民欢迎。

宁做"赔本买卖"，也要扩增惠农险种

随着农业保险逐渐被农民接受，农民迫切希望扩大保险范围，特别是增加高效农业险种。农民的诉求让人保公司感到为难，因为新增的险种都是抗拒自然灾害能力弱、收取保费少、赔付率高的产品。

"赔本买卖"，政府带头做。泗阳加大财政补贴力度，把小麦、水稻、玉米、油菜等保险金额由2007年每亩200元增加到每亩445元，而参保户的自掏保费一直执行每亩2.25元的标准；政府和保险公司的风险承担比例由2007年的3∶7，提高到2010年秋季的5∶5。高效农业保险中央、省财政补贴50%，县财政补贴25%，农户只出25%。

政府的行动打动了泗阳县人保公司，该公司分别于2007年和2011年率先在全国开展了能繁母猪和肉鸭的承保。

目前我国农机化水平如何

在2015年1月14日举行的全国农机化工作会议上，农业部有关负责人表示，2014年，全国农业机械总动力达10.76亿千瓦，同比增长3.57%；农机化水平达到

61%以上，提前一年实现“十二五”规划目标；全年累计完成深松整地作业面积1.5亿亩，超额完成2014年政府工作报告提出的1亿亩目标。

61%的农机化率，意味着我国农业生产方式已实现由人力畜力为主向机械作业为主的历史性跨越。然而，农机化发展的结构不平衡，农机运用基础设施条件差等问题依然存在。只有解决了这些问题，才能确保农民“买得起、用得好、有效益”。

10年跑赢35年

2004年年底，我国农机化发展史上第一部法律《农业机械化促进法》正式实施。此后农机化发展迎来了黄金10年，中央财政农机购置补贴10年累计投入超过1 200亿元，补贴农机具超过3 500万台（套）。农机化水平增幅超过法律实施之前35年的总和，农机工业总产值从854亿元增加到3 571亿元。

目前，我国农机产业集群初步形成，主要农机产品已能满足国内九成以上需要。中国农机市场不但没有被洋品牌垄断，还培养出一批竞争能力较强的龙头企业。“公司在产品研发上持续加大投入，实现了发动机、变速箱、前后桥等核心零部件自制，累计投入研发资金50亿元，重点突破高端新产品，产出大中型拖拉机、收获机械产品近100万台。”福田雷沃重工董事长王桂民说，10年来，公司农业装备销售收入由2004年的近20亿元增长到2013年的109亿元，年均复合增长率超过18%。

无论是大规模农业经营的美国，还是中小规模经营的日本、韩国，其农机化的共同特点是资金和技术密集，农户购买农机主要是自用。而我国农民户均耕地只有7.6亩，在中部和东部地区，户均土地更少。机械化大生产与小农户经营之间究竟是如何协调的，农机合作社、农机跨区作业就是答案。

随着农民老龄化，土地流转加快，农机化对解决“谁来种地”大有可为。目前，主要农产品价格国内外倒挂，要降低我国农业生产成本，提高市场竞争力，发展机械化尤为迫切。农民合作社、农机服务组织等日益成为农机化应用新型主体，对配套化、多样化的农机装备和服务需求旺盛。

结构不平衡突出

农机化发展的结构尚不平衡。就地区而言，目前全国只有9个省份的机械化水平在70%以上，还有4个省份低于40%，贵州不到20%；就作物而言，三大主粮产区中小麦基本实现了全程机械化，双季稻地区机插秧水平，甘蔗主产区、棉花产区、油菜产区机械化提高比较缓慢，经济作物机械化许多环节还是空白。烘干、高效植保、初加工环节机械化也刚起步。

中国工程院院士罗锡文一辈子从事农机科研。在他看来，目前我国农业装备技术还存在很多短板，甚至是空白，适应农业规模化生产的高效率、多功能、精准化农机装备还比较缺乏，已成为制约产业发展的瓶颈。“甘蔗、棉花产业现在遇到的困境，主要就是缺少先进适用的作业机械，导致用工多，生产成本高，产业竞争力弱。”

虽然农机装备数量大幅度增加，但低档机具比例大、农机运用基础设施条件差的现象依然存在。虽然农机合作社等新型主体有了较大发展，但整体组织化程度低，高技能人才少，驾驶人员50岁以上的超过70%，熟练机手和高素质合作社领头人紧缺。虽然中国农机工业产值居世界第一，但技术自主创新能力弱，科技含量高的新产品供给不足，有些关键机具和核心部件的对外依存度高。

产业升级是关键

王桂民说，农机产业整体升级需要巨大投入，目前国内农机产品以中低端为主，依靠企业自主开发模式难以在短期内突破核心技术和高端产品。建议国家将农业机械自主化工程列为国家重大专项，给予专项资金支持。重点支持行业基础共性技术研发，支持自主品牌农机企业提高高端产品开发和产业化能力。同时支持有能力的自主品牌农机企业实施海外并购。

农机研发具有长周期性，对关键共性技术研究如果投入不足，将成为制约我国农业装备水平进步的短板，就难以摆脱高端产品和核心部件受制于人的局面。

“我们强调要发挥企业自主创新的主体作用，但目前我国农机工业集中度低，企业规模普遍小，企业研发主要偏重结构设计，还难以承担重大农机产品创新的重任。”罗锡文建议国家支持发展农业机械化的力度不能减，农机科技创新的步伐要加快，要用自己的农机装备来生产我们的粮食，这样饭碗才能端得更稳。

农业部农机化司负责人认为，促进农机化发展，要确保农民“买得起、用得好、有效益”。“买得起”就是落实好财政补贴政策，解决农民购买力问题，同时引导企业重点研制生产符合农民购买力的先进适用机械；“用得好”就是解决好农机使用的可靠性、适应性和安全性问题，让农民安全放心使用；“有效益”就是培育作业市场，壮大市场主体，必要时辅以燃油补贴和作业补贴，提高使用者的经济效益。

三大主粮种企融资需求有哪些

2015年1月，《农民日报》刊发文章，就目前我国三大主粮种企融资需求出现和面临的问题进行了探讨，对玉米、水稻、小麦三大主粮的情况分析如下。

玉米

融资环节。研发的长期性，技术密集性，如分子生物技术、基因测序等已得到应用，资本投入大，如国际高端育种技术对于育种设施和条件都有相当高的要求，这些都需要大量的资本投入才能在短期内建立起来，因此需要能够提供稳定和大量资金支持的融资来源。生产中的投入多为固定资产，如果投入资本足够大，设备齐全，生产环节的投资将会在短时间内起到提高种子质量的效果。

融资方式。研发环节融资时间长，科技含量高，投资量大，可通过银行进行贷款等债务融资，有突出技术优势的中小企业可通过与大型企业合作或风险投资银行进行融资。兼并重组环节重点对企业与研究机构合作项目进行融资，合作方式的资源整合灵活，可通过内部融资或贷款等形式来获取资金。种子生产环节的投入多数转化为固定资产，可选择股权融资方式，还可通过抵押贷款从银行获得资金。

水稻

融资环节。水稻种业市场融资重点环节在于加快市场整合，提高市场份额；向上游和下游扩张，完善产业链；在生产环节还需要对生产的配套设施进行升级，引进先进种子生产设备和技术，完善数据检验系统等。市场整合和生产环节的融资需求均较大。

融资方式。大型水稻种子企业应通过股票上市、银行贷款、信托融资等方式积累资金，兼并小型水稻种子企业，并向种子产业上游和下游进行扩张，完善产业链。研发环节对育种技术没有大规模更新需求，所需融资量较小，大型水稻制种企业可选择内部融资或银行贷款融资的形式筹集研发育种技术所需资金。生产环节融资量较大，规模较大的企业可向银行贷款，自有资金不足的企业可选择股权融资方式，与信托公司以及私募资金等进行合作开发。

小麦

融资环节。小麦种子企业在种子研发、种子生产、推广、整合国内市场四个环节融资空间均较大。小麦研发环节融资同样具有长期性、技术密集性和资本投入量大的特点，品种仍会以杂交品种为主，需要更新育种技术程度较小，融资需求上比玉米育种环节融资需求较小，但仍需要有长期、大量、稳定的融资来源来支持企业研发。生产环节需要大量投资来提高生产能力和产品质量。市场整合环节鼓励大型小麦种子企业互相合作，兼并小型种子企业。

融资方式。对于资金量较小的小麦种子企业，各环节应采取股权融资的方式来吸纳资本，包括与大企业合作、利用技术优势吸引风险投资等形式；对于大型小麦种子企业，可选择内部融资或债务融资方式来聚集资本进行各环节投资。

农业银行为新型农业经营主体农户提供金融服务

2015年2月，中国农业银行2015年工作会议提出：该行2015年将从国家农业与粮食安全战略大局出发，支持新型农业经营主体、农田水利和新型城镇化建设，大力发展民生金融和普惠金融，着力增强“三农”金融服务能力。

2014年以来，农行积极扶持新型农业经营主体，加大对贫困地区基础金融和农户贷款支持力度，做实农户金融服务。该行在出台专门的专业大户（家庭农场）贷款管理办法和开展专项普查的基础上，创新家庭农场全流程金融服务；率先出台了全行性的《农村土地承包经营权抵押贷款管理办法》，并制定了业务试点准入标准；创新推出金穗扶贫惠农贷款，将政府增信信贷扶贫模式推广到整个集中连片特困地区及少数民族地区。

截至2014年年末，农行支持专业大户、家庭农场等规模经营农户超过14万户，贷款余额达174亿元；在集中连片特困地区的农户贷款余额828亿元，较年初增加168亿元，增幅达25%。

现代农业如何转型

中共中央、国务院印发的《关于加大改革创新力度加快农业现代化建设的若干意见》为传统农业向现代农业转型升级指明了方向。

2004年以来，我国粮食生产能力迈上了6 000亿公斤的新台阶。与此同时，我国农业科技进步贡献率达到56%，农作物耕种收综合机械化水平达到59%，农业发展总体上跨入现代农业的门槛。但随着宏观经济进入新常态，我国农业发展也呈现出一些新的变化，我国农业发展方式将进入深度调整期，要通过调结构、转方式，加快推进我国农业由传统农业向现代农业转型升级。

粮食安全如何实现？粮食安全的关键是能力安全，未来要将我国粮食生产能力稳定在6 000亿公斤左右。建议整合各种项目资金，集中力量建设高标准农田，启动实施耕地质量提升行动，将粮食产能落实到田头地块，实现“藏粮于地”。加大绿色增产模式攻关支持力度，集成推广应用综合技术，力争在种业等关键领域取得突破，实现“藏粮于技”。加快新型职业农民培育力度，培育一批专门从事农业生产的农民，实现“藏粮于民”。

农业效益如何提高？引导农民瞄准市场，调整优化农业结构，推动农业生产由生产导向为主转到更加注重消费导向上来，由传统种养为主转到种、养、加、销衔接，一二三产融合发展上来。打造农业全产业链，扩大农产品初加工设施补助范围和规模，大力发展储藏保鲜、分等分级、包装运销等。积极发展休闲农业，拓展农业功能。优化农业生产力布局，提高农业生产与资源环境匹配度。

资源利用效率如何提高？在化肥施用上，重点是推进精准施肥，调整化肥使用结构，改进施肥方式和推进有机肥替代化肥。在农药施用上，重点是控制病虫的发生，用低毒低残留农药替代高毒高残留农药，用高效大中型药械替代低效小型药械，推行精准施药及病虫统防统治。在农膜施用上，要适当提高地膜厚度，制定回收鼓励政策，加大可降解膜研发示范推广力度。深入开展农村生产生活节能，加快建设秸秆收集储运体系。

农产品安全如何保障？发展标准化生产是保障农产品质量安全的治本之策。加快农业标准制修订步伐，以农兽药残留限量为重点，构建覆盖产地环境、生产过程、加工包装等各环节的标准体系。大力开展“菜篮子”产品标准化生产创建，新建一批蔬菜水果茶叶标准园、畜禽养殖标准化示范场、水产健康养殖标准化示范场。大力发展产业化经营，依托农民专业合作社、龙头企业等新型经营主体和社会化服务，把一家一户的生产纳入标准化轨道。

农业政策如何更精准？政策激励用得好，可以有效引导生产方式转变。加大生态补偿和资源养护投入力度，引导生产方式向更加节水、节肥、节药、优质、安全、生态、高效的可持续方向转变；增加现代农业发展资金，引导经营方式向规模化、标准化、专业化、组织化、社会化的现代农业方向转变。财政政策上，完善补贴办法，强化金融服务，提高精准性。

农业生产也应树立“成本观”

近年来，农业效益低一直困扰着农村经济的快速发展，不少农民反映农业增产不增收。之所以出现这种情况，除农业产业结构不适应市场需求、农产品价格低、农业投入费用高等因素外，农民缺乏成本意识也是原因之一。

在现代农业生产中，物资消耗是一笔不小的支出，必须要加强控制，厉行节约，努力降低物资消耗，提高利用效益。农民群众建立正确的“成本观”，学会运用经济规律和科学方法来加强成本核算，对于增加农民收入是一件事半功倍的好事情。

一要施用有机质的农家肥，提高土地肥力。有关调查资料表明，在土地、种植、管理、收割、用水等条件相同的情况下，施用农家肥土地的经济效益比单纯施用化肥的土地高5%左右。这仅仅是“显性效益”部分，至于因施用农家肥而带来的改良土壤、提高肥力等的“隐性效益”就更大了。

二要努力降低物质的消耗，提高物质利用效益。有关专家试验表明，科学用水、用种、用肥、用药，在同等使用量的情况下，其效益可提高30%以上，换句话说，按照农作物对各种物质的需求量，可减少三分之一的使用量。

三要提高劳动效率，降低劳动成本。有些农户没有把自己的劳动力当作有价成本，认为自己的劳动力不用钱买，这造成了很大的浪费。劳动力就是资源，就是财富，要巧干、苦干、实干，投入较少的劳动力获得较多的产出，将富余劳动力转移到其他产业上去，增加经济收入。

四要精打细收，减少浪费。有关调查资料表明，我国粮食在收割、运输、翻晒、贮存等过程中大约损失8%。如能杜绝这个损失，就等于增产8%。努力降低在这些方面的损失，仍然大有文章可做。

农业生产树立“成本观”，就是为了寻找最佳的投入产出比。随着农业产业化的发展，农业生产方式已经发生了很大变化，而与此同时，农业经营方式仍然相对粗放，成本核算不全面就是很重要的一个表现。在当前各种成本全面上涨的情况下，农民群众就应树立正确的“成本观”，这既是农业发展的迫切需要，也是实现农业生产增产增收的有效途径。

2015年中央一号文件有哪些新亮点

2015年2月1日，新华社经授权发布《关于加大改革创新力度加快农业现代化建设的若干意见》。这是自2004年以来，中央一号文件连续第12年聚焦“三农”，其意义之重大不言而喻。

在经济发展步入新常态、农业农村发展面临新挑战的背景下，2015年的一号文件有哪些新精神、新部署？对当前我国“三农”发展呈现出的诸多挑战文件有哪些破题之举？

力争“城乡收入差距持续缩小”，富裕农民出实招

【困局与挑战】近年来，我国农民收入实现“十一连快”，城乡居民收入差距进一步缩小。然而，在当前经济增速放缓的形势下，占农民收入大头的打工收入，其增长前景不容乐观；而在家庭经营性收入方面，农业生产成本上升与大宗农产品价格低迷“双碰头”，老乡的种田收入增长空间进一步缩窄。新常态下如何让农民持续增收，无疑成为“三农”工作的一大新挑战。

【文件破题】文件明确提出，努力在经济发展新常态下保持城乡居民收入差距持续缩小势头。文件强调，要使农民富裕，必须充分挖掘农业内部增收潜力，开发农村二三产业增收空间，拓宽农村外部增收渠道，加大政策助农增收力度。

强调“美丽家园”，新农村建设迈出新步伐

【困局与挑战】近十年来，我国新农村建设取得显著成效，但不可否认的是，当前农村基础设施依然薄弱，基本公共服务的水平还比较低下，农村的人居环境还需要大力改善，农村老龄化、空心化程度比较严重，特别是与城镇相比，农村精神文明建设长期滞后，亟待提升。

【文件破题】文件提出，加快提升农村基础设施水平，推进城乡基本公共服务均等化，提出2015年解决无电人口用电问题，全面推进农村人居环境整治，提升农村社会文明程度，让农村成为农民安居乐业的美丽家园。

多项改革齐发力，农村有望迸发新活力

【困局与挑战】随着工业化、城镇化深入推进，农村人多地少水缺的矛盾加剧，特别是随着农村社会结构加速转型，农户兼业化、村庄空心化趋势明显，谁来

种地、如何种地等问题严峻地摆在面前。同时，农村土地、资金等生产要素的流动长期被禁锢，产权归属不清晰。如何“唤醒”农村大量“沉睡的资产”已成“三农”发展的一大挑战。

【文件破题】文件提出，必须把农村改革放在突出位置。要加快构建新型农业经营体系，引导土地经营权规范有序流转，推进农村集体产权制度改革，开展赋予农民对集体资产股份权能改革试点，稳步推进农村土地制度改革试点。

强调农村法治建设，破解“法不下乡”困局

【困局与挑战】农村是当前我国法治建设相对薄弱的领域。一些地方非法征用农民土地、非法占有农民集体资产等问题时有发生；在土地流转过程中，常常出现公司与农户互相“撕毁合同”问题；毁占耕地、破坏自然资源和生态的案件屡见报端；“法不下乡”成为农村法治的困局。

【文件破题】文件提出，必须加快完善农业农村法律体系，同步推进城乡法治建设，善于运用法治思维和法治方式做好“三农”工作。文件提出，要健全农村产权保护法律制度，加强农村改革决策与立法的衔接，农村重大改革都要于法有据。

2015年中央一号文件提出“依法治农”有什么意义

2015年中央一号文件有着鲜明时代特色的亮点是要“加强农村法治建设”。这一内容无疑既契合法治中国建设的语境，又契合全面深化改革的要求，为今后的“三农”工作提供了一个重要的遵循准则。

在具体实践中，“改革到此为止”“法不下乡”的尴尬，常常在治理末端的农村显现。一号文件用了较大篇幅聚焦深化改革和法治建设，这是实现“三农”“三更”目标的制度支撑。十八届四中全会确立了重大改革要于法有据、有法可依的原则，农村也不应例外。哪些法律还长期管用，哪些法律需要做好“立改废”的工作，“三农”改革也需要有序规范地进行，融入全面深化改革的大棋局中。

农村改革在实践中不断推进取得的改革成果，需要适时转化为法律规定。从这个意义上讲，2015年的一号文件启动了农村改革的法治新进程。只有将深化农村改革的实践和成果纳入法治建设轨道，才能搭建起有效的制度支撑，为“三农”发展创造有利的政策环境。

三十多年前，小岗村的红手印摁下了中国改革的按钮。农村之所以能成为突破

口正是因为它处于各种因素的结点上。经济的计划与市场，体制的优势与弊端，治理方式，社会结构，国家稳定……一个“农”字，折射出复杂而深刻的中国。可以说，“三农”问题不仅是经济问题，更是重大的政治和社会问题。深水区的农村改革，更需路径可控，风险可控。在这一过程中，具有“安定性”这一基本价值的法治，无疑至关重要。

法治是治国理政的框架和轨道，对于“三农”工作也同样如此。2015年是全面深化改革的关键之年，涉及“三农”的改革项目更不在少数。“三块地”的改革，如何确保其规范有序？农民工流动城乡之间，如何保护他们的权益？农村基层治理，如何把“小权力”也关进笼子？改革走得多快，法治就得走多快，甚至要走得更快。习近平总书记多次强调，要在法治轨道上推进改革，重大改革必须于法有据。农村改革直接涉及中国超过半数的人口和土地，不可谓不重大，法治怎能缺席？

农村改革如果于法无据，不仅会影响各项举措的合法性，更可能因为失序而损害到亿万农民的利益。现实中，不管是“被征地”还是“被上楼”，甚至是“被返乡”，农民在利益博弈中往往因为话语权较弱而处于利益受损的弱势一方，更不用说留守儿童、留守老人这样的普遍性社会问题了。在农村改革中，农民作为改革的主体，更容易受到来自资本，来自市场，来自权力的挤压。这一特殊之处，要求农村改革想在前头，以法治兜底，为农民利益、农村发展保驾护航。

有人曾说，中国的改革没有先例，农村改革更是需要“从看似无路中走出路来”。类似土地承包、流转等，放眼世界也难找借鉴。这使得农村法治建设尤显艰难，也还存在失位、缺位、错位的问题。以土地流转为例。在农村调研时，有的村干部很苦恼，土地流转之后种粮补贴发给谁？是发给真正在“种粮食”的承包者，还是已经离开了农业生产的流转户？而类似土地承包期限较短，承包户不敢也不愿投入，少数地方为完成指标，强制、强迫进行流转等现象，都需要借用法治的力量进一步规范。可以说，依法治农，其实更是依法富农、依法强农。

农村的法治建设，同样也是全面推进依法治国的重要内容。依法治国，必然包括依法治农。中央一号文件中，从农村产权保护到农业市场规范运行，从“三农”支持保护到农村改革发展，打造农村法治全链条，正是对四中全会加强土地管理、农业等方面法律法规建设的落实，也是治理体系和治理能力现代化的重要一环。而整个社会法治意识的提升，也离不开农村基层法治水平的提升。增强基层干部运用法治思维和法治方式的工作能力，引导农民增强遵法守法用法的意识，通过村民议事会、监事会完善乡村治理，才能补上法治建设的短板，让法治的力量护佑更多的人。

中央一号文件对农村法治建设的强调，是全面深化农村改革的必然选择。有了这样一个顶层设计，相应的法规制度也应能不断走向完善，确保“三农”蹄疾步稳，走向“农民真好，农村真富，农业有希望”。

新型农业经营如何适应新常态实现农业农村新发展

2015年2月1日，中共中央国务院公开发布《关于加大改革创新力度加快农业现代化建设的若干意见》，给广袤田野和广大农民送来了春的信息。进入新世纪以来，中央连续发出指导“三农”工作的“一号文件”，到2015年已是第12个。2015年的一号文件围绕加快农业现代化建设，突出强调加大改革创新力度，提出了一系列新观点、新政策、新举措，必将为农业发展、农村繁荣、农民富裕提供新动力，增添新活力。

刚刚过去的2014年，我国粮食产量实现“十一连增”，农民增收实现“十一连快”，农村重大改革试点方案破茧而出，农村人居环境整治全面推开，农村民生改善取得重大进展，“三农”发展成就可圈可点，成为经济发展新常态下一道亮丽的风景线。

同时也要看到，农业农村发展面临十分复杂的新情况，需要应对前所未有的新挑战。经济增速放缓，农业生产成本攀升，主要农产品国内国际价格倒挂，农业增效、农民持续增收难度加大；资源环境约束趋紧，保障农产品有效供给和质量安全压力增加；城乡要素流动加快，农村空心化、老龄化问题日益凸显。要在连年丰产增收后稳住农业农村持续向好的局势，在经济发展新常态下实现农业农村新发展，必须始终坚持把解决好“三农”问题作为全党工作的重中之重，主动适应新常态，按照稳粮增收、提质增效、创新驱动的总要求，以改革为动力，以法治作保障，加快推进中国特色农业现代化。

没有农业的现代化，就没有国家的现代化。农业现代化是一项复杂的系统工程，所涉及的改革方方面面，必须把握方向，突出重点，稳步推进。新形势下，推进中国特色农业现代化，必须围绕建设现代农业，围绕促进农民增收，围绕城乡发展一体化，努力在提高粮食生产能力上挖掘新潜力，在优化农业结构上开辟新途径，在转变农业发展方式上寻求新突破，在促进农民增收上获得新成效，在建设新农村上迈出新步伐。只有这样，才能进一步让农业强起来，让农村美起来，让农民富起来。

如何让农民增收

“粮食生产继续丰收。全年粮食产量12 142亿斤，增长0.9%。农民收入较快增长。全年农民人均纯收入9 892元，比上年增加996元，扣除价格因素实际增长9.2%，增幅继续高于城镇居民。”2015年2月3日，中央农村工作领导小组副组长、办公室主任陈锡文在国务院新闻办举行的发布会上这样解读2015年一号文件。

陈锡文着重强调了农民增收问题。他认为增加农民收入一要靠实行目标价格改革，二要用好农业补贴。“当前，农民收入的主要来源还是农业生产，但农业生产又面临多方面压力。”陈锡文认为，主要有来自两方面的压力：一是农业生产成本不断攀升；二是中国主要农产品价格普遍高于国际市场，农业竞争力不够。

而实行目标价格改革是破解这一难题的途径。政府颁布一个目标价格，但实际的市场价格是根据全球、全国的供求关系形成的均衡价格。就目前的情况看，国内棉花的均衡价格大约为1.36万元/吨，这跟国际市场价差不多。“但是政府对新疆地区给出的目标价格是1.98万元/吨。这中间有6 000元的差额，农民销售棉花只能按照市场价格去销售，中间差的一块，由政府进行补贴。”

“我们将进一步总结经验，让市场在价格形成中起主要作用，给农民传达正确的市场需求信息，让农民根据市场需求进行生产，逐步化解这几年形成的矛盾。”陈锡文说。

现在农产品价格比国际市场价高，指的是关税内进口的低关税配额的那部分农产品。“像小麦，WTO承诺的关税配额是每年963.3万吨，玉米是720万吨，籼米是266万吨，粳米是266万吨。这3个品种允许低关税进口的总量大约是2 216万吨。2014年这3个品种进口的总量是1 900多万吨，没有突破关税配额。因此国家对它实行低关税，即1%的关税。”

但是，如果进口的量超过了关税配额总量，就可以实行高关税。陈锡文说，现在进口的籼米，在国内批发市场上大概是3 300元～3 400元/吨，核算下来每斤1.65元到1.7元，而中国生产的早籼稻在国内市场上的批发价大约是3 900元～4 000元/吨，就是每斤1.95元～2元，和进口籼米的价差大约每斤0.3元。如果进口量超过266万吨，从第267万吨开始实行高关税，算下来，差不多每吨增加2 000元，那时进口价格就是每吨5 400元，而国产籼米价格是每吨4 000元。所以，“关税配额对国内农业产业是重要的保护制度”。

谈到农业补贴问题时，陈锡文介绍，按照WTO的谈判结果，我国可补贴农业生产总值的8.5%，这8.5%在WTO规则中被称作黄箱补贴，就是根据面积、农产品产量、价格进行补贴。

因为补贴会进入成本，会扭曲价格，对补贴，WTO有严格限制，补贴额对某个品种也好，对农业总体也好，不能超过8.5%。如果补贴不进入成本，这种补贴是绿箱补贴，绿箱补贴要看国家实力，“你有钱尽管补，没有限制”。

农业补贴怎么用到刀刃上？他说：“我们补贴很多在价格上，就要计入黄箱补贴，黄箱补贴是有限度的，不能超过8.5%。但是可以转为绿箱补贴。”

他举例说明黄箱补贴和绿箱补贴的区别：“为了改善农产水利基础设施，国家可以大量投资修水库、建渠道、打机井，这样的投入不计入农产品成本，是绿箱（补贴）。如果水库建成，水渠修到农家门口，你要补贴水价格，会直接影响农产品价格，对水价的补贴就是黄箱（补贴），要受限制。”

陈锡文认为，世界各国总体上对农业的补贴趋势更多地都是直接补贴农民收入。“综合运用这些补贴，既能保证农业健康发展，农民收入持续增长，又不违反国际规则，这是我们现在要做的。”

中央一号文件何以频频锁定“三农”

中央一号文件是中共中央每年发布的第一份文件，一号文件中聚焦的主题往往是国家当前需要重点关注和亟须解决的问题，在全年工作中具有纲领性和指导性的地位，因此历年的文件都会受到各界的高度关注。2015年2月2日，新华社播发记者王宇的报道对这一现象进行了详尽的分析。

不过，中央的一号文件并非年年都聚焦“三农”问题。细数改革开放以来的多份中央一号文件，其中以“三农”为主题的一号文件共有17个。这17个文件也并非一直连续，中间有过中断。

20世纪80年代初，在农村改革如火如荼推进的大背景下，从1982年到1986年，中央连续5年发布以农业、农村和农民为主题的五个一号文件，对当时的农村改革和农业发展做出具体部署。18年后，自2004年起，中央一号文件又连续12年聚焦“三农”。

盘点新世纪以来的这12份中央一号文件，其中既有针对“三农”工作全局的，也有专门针对农业科技、农田水利、新农村建设等专项工作的。一号文件连续12次锁定“三农”，凸显出“三农”问题在中国“重中之重”的地位。

一号文件涉农传统为何在20世纪80年代中断？对这一问题当时全国从上到下有这样一种认识：20世纪80年代的改革从农村开始，基本问题已经解决了，今后重要问题都在城市，工作重心也从农村开始转到城市。

那么，时隔18年后，一号文件为何又重新锁定“三农”？这背后又有着更为深刻的背景：20世纪末，我国农业生产环境出现复杂局面，农民收入增幅连续几年低速徘徊在4%以下。此外，城市改革经过十多年“加速跑”后，城乡发展严重失衡，影响到小康社会建设进程。

今天，在中国经济发展步入新常态的背景下，2015年中央一号文件继续锁定“三农”，表明“三农”问题在中国“重中之重”的地位非但没有弱化，反而更为加强。当前，中国正处在四化建设和全面实现小康社会的关键时期、冲刺阶段。全面建成小康社会，不能缺了农村这一头。四化建设，必须补齐农业这一短板。在国家各项工作中，“三农”的重要属性仍十分明显。这些因素决定“三农”仍是中央亟须和重点部署的工作，也正是缘于此，2015年的中央一号文件第12次将靶心锁定“三农”。

家庭农场篇

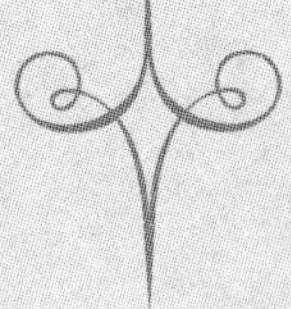

为什么要发展家庭农场

发展家庭农场有什么好处？简单来说，发展家庭农场可以解决“谁来种地”“如何种地”等问题。

改革开放以来，我国家庭联产承包责任制在中国农业、农村的发展中起到了很大作用，但也带来了分散经营、资源浪费、效益低下等弊端。近年来，长期从事农业生产的劳动力主体呈现老龄化、低龄化趋势，青壮年劳动力比例下降，农业的基础设施落后，耕地利用率也开始下降，农村空心化现象逐渐明显。

而家庭农场的产生、发展能较好解决我国目前农村农业发展的问题。家庭农场既坚持了以农户为主的农业生产经营特性，又扩大了经营规模，解决了家庭经营低、小、散问题。另外，家庭农场是培养职业农民，将一批年轻人留在农村务农的有效途径。发展家庭农场等多种形式的农业经营主体，能有效解决目前困扰我国农业发展中“谁来种地”“如何种地”的问题。

当前，我国农业、农村发展进入新阶段，为了应对农业兼业化、农村空心化、农民老龄化的趋势，亟须构建集约化、专业化、组织化、社会化相结合的新型农业经营体系。家庭农场保留了农户家庭经营的内核，坚持了家庭经营在农业中的基础性地位，适合我国基本国情，符合农业生产特点，契合经济社会发展阶段，是引领农业适度规模经营、构建新型农业经营体系的有生力量。

第一，发展家庭农场是应对“谁来种地”“地怎么种”等问题的需要。一方面，大量青壮年劳动力离土进城，在一些地方出现农业兼业化、土地粗放经营甚至撂荒等现象，需要把进城农民的地流转给愿意种地、能种好地的专业农民；另一方面，一些地方盲目鼓励工商企业长时间、大面积租种农民承包地，既挤占农民就业空间，也容易导致“非粮化”“非农化”。培育以农户为单位的家庭农场，则是在企业大规模种地和小农户粗放经营之间走的“中间路线”，既有利于实现农业集约化、规模化经营，又可以避免企业大量租地带来的种种弊端。

第二，发展家庭农场是坚持和完善农村基本经营制度的需要。随着市场经济的发展，传统农户小生产与大市场对接难的矛盾日益突出，使一些人对家庭经营能否适应现代农业发展要求产生疑问。在承包农户基础上孕育出的家庭农场，既发挥了家庭经营的独特优势，符合农业生产特点要求，又克服了承包农户“小而全”的不足，适应现代农业发展要求，具有旺盛的生命力和广阔的发展前景。培育和发展家庭农场很好地坚持了家庭经营在农业中的基础性地位，完善了家庭经营制度和统分结合的双层经营体制。

第三，发展家庭农场是发展农业适度规模经营和提高务农效益，兼顾劳动生产率与土地产出率同步提升的需要。土地经营规模的变化，会对劳动生产率、土地产出率产生不同的影响。如果土地经营规模太小，虽然可以实现较高的土地产出率，但会影响劳动生产率，制约农民增收。当然，如果土地经营规模过大，虽然可以实现较高的劳动生产率，但会影响土地产出率，不利于农业增产，也不符合我国人多地少的国情农情。因此，发展规模经营既要注重提升劳动生产率，也要兼顾土地产出率，把经营规模控制在“适度”范围内。

第四，发展家庭农场是借鉴国际经验教训，提高我国农业市场竞争力的需要。随着农产品市场的日益国际化，如何提高农户家庭经营的专业化、规模化水平，以确保我国农业生产的市场竞争力，是我们必须从长计议，做出前瞻性战略部署的重大课题。

我国家庭农场具有什么特征

家庭农场作为新型经营主体的重要组成部分，其发展受到了广泛的关注和重视。实践表明，与公司农业相比，家庭农场在生产经营上除了具有家庭经营、商品化生产、市场化发展、企业化管理等一般特性以外，还具有有利于现代农业持续发展的四大鲜明特征：

一是家庭农场的生产选择能够为稳固农业基础和确保粮食安全提供重要支撑。现实表明，龙头企业流转土地的经营基本与粮食无关，表现出明显的“非农化”“非粮化”倾向。然而，家庭农场却大多以种养业为主，并且在粮油、生猪等传统农业领域保有较高比例。

二是家庭农场主普遍综合素质较高，与当地农村社区有较强的地缘关系。调查显示，家庭农场主普遍具有年纪较轻、受教育程度较高的特征。此外，绝大多数家庭农场主为本地村民，对当地的自然资源、社会环境等十分熟悉，与当地农村社区有着千丝万缕的密切关系，相比而言更加本土化，更具稳定性。

三是家庭农场凸显的开放性特征有效地促进了生产要素向农村流动。现实中家庭农场的发展已经突破以农民为主的封闭式发展方式，来自城市居民的投资者不断增多。这表明家庭农场打破了城乡之间生产要素由农村向城市单向流动的僵局，表现出不断增强的开放性特征。这不仅意味着“谁来种地”的严峻困扰有可能因此得到事实上的缓解，而且在人力资本流动的牵动之下，城乡之间生产要素全面对流的新的格局将有望逐步形成。

四是家庭农场的发展过程表现出明显的规模理性。调查表明，相当部分家庭农场流转土地并没有集中连片，对这些家庭农场而言，土地成本控制比土地规模和集中连片更为重要。与龙头企业普遍存在非理性的规模偏好现象不同，家庭农场基于自身基础一般不会人为地追求土地过度规模化发展，而是尽可能地将农业经营规模控制在家庭经营能力范围之内，对土地等要素的配置更具经济理性。

制约家庭农场发展的因素有哪些

当前家庭农场发展势头良好，覆盖面在不断扩大，带动性正持续增强。但值得一提的是，家庭农场总体上仍处于发展的初级阶段，在缺乏完善配套的政策支持条件下，其发展过程表现出明显的自发性特征，仍然面临一系列需要高度重视的问题和障碍，如成本压力大，基础设施弱，金融保险支持不够，应给予针对性更强的政策支持，等等。

过高的土地流转费给家庭农场带来很大的成本压力。随着工商资本下乡和地方政府规模偏好，以及农户土地财产性意识的苏醒，近年来土地租金不断上涨，土地租金成为家庭农场生产经营的主要成本，家庭农场普遍面临着较大的土地租金压力。

生产性基础设施建设滞后严重限制了家庭农场的发展。限于自身能力，家庭农场基本不具备完全解决基础设施建设的能力，田间道路、灌溉设施、仓储等基础设施建设是当前家庭农场发展面临的首要问题，解决这些问题必须得到政府的有效支持。

家庭农场获取基本金融服务的能力并没有得到实质性提高。由于缺乏有效抵押物，大多数家庭农场仍然不能从正规金融机构获得贷款支持，现存的小额信贷等短期性金融服务能够提供的贷款额太小，总体上也难以满足家庭农场基本融资需求。

调查表明，多数家庭农场的资金需求仍然是依靠民间借贷解决的，相对较高的融资成本事实上制约了家庭农场发展能力的提升。

农业保险政策并不能有效满足家庭农场新的现实需求。由于单一的农业政策性保险扶持力度和扶持范围有限，与家庭农场农业经营规模及生产多元化现实不相适应，少量家庭农场的农业保险主要集中在粮油、生猪等领域，却不能覆盖更大规模经营的蔬菜、水果、牛羊等农畜产品。

社会化服务体系缺失使得家庭农场发展扩张能力有限。现阶段，社会化服务体系的缺失使得家庭农场发展扩张能力十分有限。目前大多数家庭农场仍以孤立的自我经营为主，家庭农场之间的分散状态使其依靠自身力量进行品牌塑造、质量认证等开拓市场的成本居高不下。再加之政策相对失衡，对产前、产后的农资供应商、生产性服务商、农产品批发商等社会化服务体系发展的政策支持明显不足，直接限制了家庭农场的发展速度和发展水平。

当前最为关键的是要根据家庭农场的现实需求加快制定完善的定向支持政策，重点在改善生产性基础设施条件、完善土地经营权抵押融资功能、强化抵御风险能力三个重要方面，对更具规模理性和实际带动力的家庭农场给予针对性更强的政策支持，有效地促进其健康有序发展。

发展家庭农场需破解的难题有哪些

家庭农场以家庭为单位，适度规模标准化的生产，还兼具实现农业生产不具备的功能，就是销售品牌产品。家庭农场作为一个新兴产业，具有广阔的发展前景，但还存在几个发展难题。

问题一：土地流转困难，有的要价过高有的不愿出租。

家庭农场的一个重要特征就是农业生产规模化、集约化。可是自我国实行家庭联产承包责任制后，土地分散承包到每个农民的手中，要将这些零散分散的土地重新整合起来，存在一定困难。

因为农民对土地拥有承包权，所以只能通过土地流转来发展家庭农场。虽然现在有很多农民进城打工、经商，农村土地闲置抛荒，但很多人不愿意把土地经营权长期流转出来。有的农场主也想进一步扩大家庭农场的规模，可是在租赁土地的问题上屡屡碰钉子。租农民的土地时，有的叫价太高，有的根本不和你谈。

广东省惠州市农业局有关负责人介绍，该市按照中央和省的部署，正在积极稳妥推进农村承包土地确权登记颁证。这项工作的开展，将有效保障农民承包土地的权益，鼓励农民放心、有序流转土地。

问题二：融资困难，希望政府能给予补助或提供信贷。

说到融资难，被调查的农场主都不约而同表达了同样的诉求，希望政府相关部门能为家庭农场的发展提供补助，或提供信贷。

有的农场主反映，要不是在外面打拼了几年，赚了点钱，否则根本无力发展家庭农场。一些农场主则表示，不少农村家庭手头资金并不充裕，而发展家庭农场后续投入不断，如果没有有效抵押物的话（农村房子不能抵押），农场主很难从金融机构获得贷款。一位农场主说，他的家庭农场申报成功后得到了政府5万元的补助，可是这对于他目前的资金缺口来说是杯水车薪。

为培育新型农业经营主体，促进农业适度规模经营，广东省惠州市从2014年起，每年安排100万元专项资金，重点扶持发展新确认的20家市级示范家庭农场扩大经营规模，改善生产经营条件和提升规范化管理水平。

问题三：政策扶持优惠力度有待进一步加大。

家庭农场方兴未艾，要想其发展壮大，离不开政府部门的扶持。可是在成功申报市级示范家庭农场后，广东省惠州市陈文声的超华家庭农场感受到的政策扶持与优惠并不多。税收能否减免？涉农保险如何购买？这些问题都有待解决。

对此，广东省惠州市市农业局有关负责人表示，发展家庭农场是提高农业集约化经营水平的重要途径。但是因为刚刚起步，许多相关配套政策还未完善，所以家庭农场的培育发展还有一个较长的循序渐进过程。

家庭农场变身“田园超市”

每逢周末，浙江省衢州市衢江区的各个家庭农场便会引来一批批市民。原来专事生产的家庭农场配套休闲娱乐设施，供市民体验采摘新鲜果蔬，感受农产品“好吃放心看得见”，深度享受“田园超市”带来的愉悦。

这样的热闹场景源自衢江在打造全国农产品质量安全放心区的过程中，“巧花钱”扶持家庭农场，四两拨千斤。2014年12月23日，《浙江日报》对农场变身为市民亲近喜爱的“田园超市”的现象进行了报道。

走出去，带回先进“种子”

徐六泉的办公桌上，放着一张集体合影，是包括徐六泉在内的一批衢江农场主，在台湾“走马濑农场”的石碑旁留影。落款日期是2014年4月28日。

“出去走一趟，收获真不少。”徐六泉一面艳羡台湾现代农业发展的先进理念和模式，一面滔滔不绝地介绍起取经后如何把“先进的种子”种进六泉家庭农场。如配套休闲设施，增设果园趣味知识牌，拉长产业链搞深加工等。

衢江的家庭农场超过800家，其中示范性家庭农场60家。现在农场主们不再单纯与土地打交道，而是巧思妙想把农场布置装点得更加生动个性有内涵，并根据实际延伸发展餐饮、娱乐、住宿等。

观念的改变，来自政府的推动。衢江将农用资金贴补在基础设施建设等硬件上的同时，拿出一小部分用于提升发展理念，多次分批组织农场主前往台湾、广西、吉林及省内嘉兴、温州、仙居等地学习现代农业发展经验，有力推动了全区家庭农场转型升级。

引进来，“直通”开出新路

对衢江区家庭农场来说，“走出去”带来的最大成果是不再担忧“采摘游”会破坏正常生产，了解其利大于弊并果断开通“周末直通车”，免费接市民参观生产基地，了解农产品生产过程，体验农事生活。

“全区都在做放心农产品，但是光自己喊不行。从田间到餐桌，要经过很多环节，怎样让消费者认同？”衢江区家庭农场协会会长陈建海说，在区里的资助下，2014年5月开通了衢州至云溪莲花、衢州至大洲全旺、衢州至廿里乌溪江三条免费“周末直通车”线路，将消费者引进农场体验。

免费换来的是农场主、消费者、旅行社及周边农户的多方共赢。在陈建海的家庭农场，来自衢州市中医院的林女士带着孩子边采摘樱桃番茄边赞不绝口：“这里的小番茄口感清脆香甜，不仅比市场上的新鲜，每公斤还比市场上便宜至少1元钱。”

“对农场主来说，直通车最大的意义是让顾客看到安全生产的过程，现场进行农药残留检测，他们将会成为农场忠实的顾客。”陈建海举了一个很有趣的例子，有市民看到高成本建设的智能温室玻璃房里，竟然种着一畦畦不值钱的葱，对大材小用感到不解。陈建海简单一解释，“立马收了他们的心”：葱有气味啊，种葱种大蒜可以给土壤杀菌，那就可以不用农药了。

据预测，衢江免费直通车全年可带动家庭农场销售农产品3.5万吨，销售额1.6亿元，带动周边2 000多户农户增收6 000多万元，餐饮、包装、物流等产业获利7 300余万元。

留得住，激活田野创意

周家乡龙园村，在当地经营多年的“老五家庭农场”改名了，新名字叫“淘果园家庭农场”。这是“80后”海归女硕士饶胜男的“杰作”，改掉的不仅是土气的名字，还有传统落后的农场经营模式。

饶胜男2002年赴莫斯科国立大学攻读语言专业，后转学社会管理。获硕士学位后，在莫斯科一家旅游贸易公司任市场经理。多年历练之后，2013年10月她选择回到父母身边，接手农场：“2005年就承包了350亩地做农场，但一直不温不火。父母年纪大了，我回来就是规范转型。”

农场改名后，定位发展生态休闲农业，由饶胜男负责统筹规划和营销。一年下来，这名文艺妹子变身“女汉子”，开办网店，微信营销，参加团购，颠覆父母的传统销售模式，把农场经营得风生水起。

大洲镇狮子山村，同样有“文艺范”的傅星如，动漫专业毕业后也回家帮父亲打理家庭农场。父亲手里经营多年的龟鳖鱼养殖，在她手里被规划成了生态养殖和休闲渔业结合的现代渔场。她还不丢专业，尝试在甲鱼壳上画京剧脸谱，养龟鳖也变得挺文艺。

为了培养家庭农场的新生力量，给传统农业注入“新因子”，衢江区出台了《关于加强家庭农场人才队伍建设的若干意见》，其中特别对留住大中专毕业生给出了优厚条件。如连续三年享受每年1万元的补助，给予“五险一金”补助，安排参加农业实用技术培训并给予奖励等。按照计划，到2016年年底，衢江将培养家庭农场产业带头人50名，培养家庭农场管理人才200名，培养家庭农场实用技术人才500名。

女强人弃合作社做联合农场

山东省济宁市兖州区金土地万家农场的农场主高延芬很能干，性子也直，喜欢当家。现在的合作社抱团难、不规范，这是高延芬另辟蹊径的主要原因，但即使以后合作社规范了，她也不愿再做合作社。为了早点组建起联合农场，高延芬这两天正忙着和几个农场主接头洽谈。

高延芬又开始养鹅了。2015年1月，济宁市兖州区新兖镇的几个种粮大户都对这个女强人投来了钦佩的目光。

放弃合作社

高延芬的农场种了三百多亩粮食，但她觉得只种地，路子太单一，搞种养结合才能更好地发展，所以就拍板要种粮加养鹅。

说干就干，农场立马买进了两百多只鹅，周围不少农场主也被她带动起来，跃跃欲试。对雷厉风行的高延芬来说，家庭农场才是更适合她的载体，为此她放弃了做合作社。

“合作社心不齐，抱团、管理难，我想好的事不能实施很难受。”高延芬说，2011年她领头成立了合作社，但是很多事商量来商量去最后却没了结果，拖拖沓沓让她着实无法忍受。另外，高延芬说，合作社现在也很不规范，一些地方可能不太透明，社员意见不少，合作社赔了说你干得不好，赚了说你分配不均；也有的合作社就是一个人在那里干，其他农民顶多算个打工的，往往只富了一个人。

“合作社正规了，什么事都要开理事会，来来回回的讨论还是耽误事，不如一个人干自在。”在强势的高延芬眼里，执行好才是致富关键。

着手组建联合农场

家庭农场恰恰能满足她这个性格要强者的要求。“一家人都在农场里干，但我说了算。”高延芬说，农场可以按照自己的想法走，更好管理，发展快。虽然高延芬是个爱当家的女人，但她并非喜欢一味地单打独斗，合作共赢在她心里是发家致富的另一秘诀。联合周围的家庭农场组建联合农场就是她正在着手做的事。

“联合农场为了大家共同发展，各有分工，我的农场主要负责销售产品，鹅蛋和玉米我都有稳定的销路。其他的农场只需要用我们统一的品牌和鹅苗就好，收购价保证比市场价高。”高延芬说，这样就能保证大家有最大的工作热情，农场里粮食种得多，鹅蛋产得多，就能收益高；再说，家庭农场主都有自我归属感，农场的产量也比单个社员的大，管理也会更细，品质能保证。

为了早点组建起联合农场，高延芬这两天正忙着和几个农场主接头洽谈。“好几家愿意一起干了，我们也不协议什么严格的章程，只要能干好自家的活，保证质量，统一品牌就行。”46岁的高延芬仍然干劲十足。

制约家庭农场等新型农业经营主体发展的主要因素是资金

缺资金，贷款难，是制约家庭农场等新型农业经营主体“长大”的突出问题。钱从哪儿来？答案是尊重农民的创造力，发展依托市场的农村金融服务。

2014年5月，《人民日报》记者在采访中发现，现代农业产业联合体不仅在规模化生产方面走出了新路，也为破解家庭农场贷款难提供了“良策”。原因就在于龙头企业实力雄厚，由龙头企业作担保给其联合体的家庭农场贷款，银行自然放心。以宿州市淮河种业为龙头的联合体是2012年成立的，当初设想用5年时间实现规模种植粮食5万亩。负责人李勇告诉我们，今年就可达到10万亩，迅猛发展之势自然吸引了银行的关注。“2013年农业银行初次尝试由龙头企业担保给家庭农场放贷业务，4个龙头企业为家庭农场提供担保贷款5 625万元。2014年这项业务将进一步扩大，李勇和农业银行签约，2014年6月份就能获得5 000万元的担保贷款。”宿州市政府有关领导张冬云说。

太和县三泰面粉有限责任公司的做法与此异曲同工。这家阜阳地区最大的粮食加工企业办了个“粮食银行”，农民存粮有利息，又避免了存家里的损耗，通存通兑，取用方便，吸引了当地和邻县1 100家以上农业专业合作社、260家家庭农场参与。对这些“大户”，三泰不仅提供低于市场价的化肥、农药等农资产品，而且还提供借款。太和县县长徐会东一言以蔽之：“大家的利益绑在一起，互助互惠是必然的。”

围绕农村金融服务，安徽全方位探索

革命老区金寨是国家级贫困县，农民对金融服务的需求非常迫切。从县城出发，沿弯弯的山路行驶约一小时，就来到油坊店乡元冲村民委员会。在这偏僻的山村，记者眼前一亮：这里居然能见到中国邮政储蓄银行的ATM取款机，提供24小时自助服务。“我们通过农村金融改革，引导金融机构在基层设立了金融服务室，方便山区群众就近取款，让农民享受和城里人一样的现代金融服务。”县金融办主任黄刚介绍说。

更让农民们心里一亮的是以前跑断腿、磨破嘴也贷不到几个钱，现在银行却主动送上门。做了几十年茶叶收购、加工的油坊店乡白茶专业合作社社长李文说，以前他的授信贷款只有2万元，去年徽商银行给贷了100万元，今年春茶3月28日开采，26日徽商银行的200万元贷款就到账了。

黄刚介绍说，金寨将农村金融改革探索和扶贫开发相结合。全县健全了农村征信体系，对全县15.7万农户和逾750户专业合作社的信用信息采集录入，在此基础上将全县用户设置为5个信用等级，分别授信4万～8万元，仅去年便发放农户信用贷款4 492万元。同时，金寨县信用联社改制为农商行，组建江淮、徽银两家村镇银行，成为全国唯一拥有两家村镇银行的县。农业发展银行突破贷款不能直接到户的政策，创新推出“担保机构+金融机构+政策性支农机构+龙头企业+农户”的“五位一体”贷款，农户成为实际用款人，直接带动发展茶叶、油茶大户逾80户，基地2.4万亩。

如果说金寨的农村金融改革中政府推手作用很明显，那么，淮南市凤台县的农村金融改革可谓“自主、自费、自发”，体现出鲜明的市场导向。凤台县2013年用4个月在全县范围内采集17.1万户信用指标，分为三级，在本村公布。2013年7月以来，农民已获小额贷款1.09亿元，单笔可达6万元。农民们开心地说：“现在讲话算数也值钱了。”更为重要的是，这个信用指标体系设计伊始就完全市场化，与商业银行的征信系统可对接。目前，农业银行和建设银行两家大银行已同意采用，这意味着凤台县的金融改革甩掉了政府这根拐杖，学会了自己走，将走得更远。

新一轮农业改革还在路上，坚持从实际出发，充分尊重农民意愿和首创精神，充分激发市场活力，安徽的农村改革必定走得更远……

三台家庭农场掀起创业热潮

近年来，四川省绵阳市三台县通过政策引导和激励、资金扶持、示范引领，大力培育和发展种养大户组建家庭农场，促进了新型农业经营主体的健康发展，对优化配置农业资源，调整农业结构，增强市场竞争力，拓宽农业增效、农民增收起到了积极的促进作用。2014年12月23日，《绵阳日报》刊发周义胜、刘玉明、赖怡的文章，对家庭农场出现的这一新景象进行了报道。

政策引导家庭农场成创业热点

一排排塑料大棚下，土豆苗叶片翠绿；齐整的田畴间，麦冬苗长势茂盛……虽然已是寒冬，杨运勇夫妇的家庭农场里却是一派生机蓬勃的景象。杨运勇夫妇的家庭农场就位于三台县西平镇上河村六组。

2010年春节，杨运勇夫妇从广东惠州回到了老家花园镇。时值麦冬价格飙升，夫妻俩开始做起了麦冬生意。由于对市场没有准确的把握，辛苦打工赚来的两百余万元打了水漂，仓皇出货后，夫妻俩将剩下的60余万元转投向了农业。通过4年的努力，夫妻俩培育的瓜蒌、麦冬等中药材和玉米、土豆等作物让他们“赚了一笔”。2014年1月，夫妻俩领到了家庭农场的经营执照。“有政策扶持，搞农业也是一条致富的好门路。”杨运勇如是说。

为鼓励家庭农场的发展，近年来，三台县出台了关于大力培育家庭农场的实施意见，赋予家庭农场市场主体地位，家庭农场按照现代企业制度进行工商登记。通过规范登记程序、鼓励规模经营、培育示范典型、实施人才培养、创新指导服务机制等举措，鼓励农民通过土地流转，从事适度规模经营和标准化生产，以现有产业基地为载体，着力培育一批经营规模大、管理水平高、综合效益好的示范性家庭农场。

三台县还专门为家庭农场量身定制了优先享受国家财政各项涉农补贴政策、财政贴息，给予每个示范性家庭农场10万元以内的奖励性项目金等优惠扶持政策，全力为家庭农场发展创造条件。2014年，全县有9家家庭农场获省级财政项目扶持，每家获奖10万元用于提升家庭农场综合生产能力。同时，该县涉农部门整合财政项目资金240万元，金融部门投放贷款576.3万元，支持家庭农场扩规模，兴产业，塑造品牌，壮大经济实力。

在政策的引导和激励之下，该县农民创办家庭农场的积极性很高，投建家庭农场成为农民创业的热点。截至2014年12月，全县工商注册家庭农场160家，种植类113家，养殖类16家，种养结合类31家。

优化整合小农场带动大农业

在开办家庭农场之前，岳良明已经是一位成功的水果批发商。“我们这里一样可以种出优质美味的葡萄。”岳良明说，这是他投入70余万元建设葡萄园的初衷。在经过认真分析和仔细考察后，岳良明于2013年在潼川镇橙园村流转了50多亩土地，引进了4个鲜食葡萄品种和1个酿酒专用葡萄新品种。

岳良明的越晴家庭农场全部采用有机肥栽种葡萄，运用滴灌技术和机械化耕作既节约了成本，又提高了收益。2014年年初，岳良明在葡萄架间种的西瓜个大汁甜，被远近的客商一窝蜂抢购一空。“每一株西瓜藤上只保留一个，加上用沼液灌溉，味道不好都不行。”岳良明说，三年过后，每亩葡萄园将为他带来一万多元的纯收入。

位于前锋镇杨武沟村的生态农业产业技术协会于2013年注册成立家庭农场，迈出了规范化的第一步。目前，该协会泥鳅养殖场的产卵池、孵化池、育苗池及饲养区达50余亩。财务会计制度、生产管理制度和发展规划整整齐齐地挂在协会办公室的墙上。“泥鳅养殖对水质和环境的要求相当高。”该协会理事长李晓川说，虽然养殖技术难度大，但前来订购泥鳅苗的水产养殖户已经有20多家了。该协会将率先在该镇寺垭口、丝公庙村发展泥鳅养殖100多亩，带动全镇水产养殖上台阶。

三台县鼓励和支持承包土地向专业大户、农民合作社流转，促进了农业生产经营的规模化、集约化、商品化转型。“以家庭成员为主要劳动力，推进农民职业化，可以高效盘活撂荒土地，优化整合零散土地，实现规模化经营。”该县土地流转中心负责人表示，家庭农场的发展既可以解决传统小农经济效率低、规模小、形式散等问题，还能有效推动现代农业的发展。

据了解，目前该县家庭农场土地流转规模经营达1.8万亩，年产粮1.04吨，存栏生猪1.4万头，家禽22.3万只，羊4 340只。预计年经营收入5 264万元、净收入808.6万元，农场户平均收入达32.9万元、净收入5.05万元，农场人均纯收入1.38万元。

余姚家庭农场各具特色

2015年1月，余姚市家庭农场又添六块省级招牌，黄家埠君飞水产养殖场、朗霞华安农庄、三七市悠悠农场等六家家庭农场被新认定为“省级示范性家庭农场”。

近年来，浙江省宁波市余姚市大力发展家庭农场，目前有家庭农场762家，涵盖了特色农业、畜牧业、水产养殖业、水果业和休闲观光业等多种业态，开辟了“农业增效、农民增收”的新途径。

余姚市依靠政策引领家庭农场提速发展。为夯实家庭农场适度规模化经营基础，余姚市专门出台了土地流转和农业规模经营实施意见，市财政安排了200万元专项资金；市、镇、村建立了相应的组织，着力推进土地流转工作。目前，已流转土地14.19万亩。余姚市还出台了《关于大力培育新型农业经营主体的实施意见》，对当年认定为市级示范性家庭农场的，每家给予一次性奖励1万元。

余姚市积极发展资本实力强、学习热情高、市场反应快的农业经营新型主体，使其发展成为既具有家庭性质，又不同于其他经营主体的家庭农场。由水果“土专家”汪国武领衔创建的百果园农场历经数年经营，目前水果投产面积超过200亩，年产值达100万元，还带动了周边许多农户增收。

余姚市多举措培养家庭农场专业人才，分门别类对种养大户、农产品经纪人等新型农民群体进行培训。2014年以来已培训逾3 500人次。同时，有逾2.5万人参加了农业实用技术培训，为家庭农场发展提供了大量生产技能型、经营管理型、技术服务型和市场营销型的职业农民。此外，该市出台大中专毕业生在农业领域创业的扶持政策，鼓励大中专毕业生投身农业，为家庭农场发展增添新的活力。

眼下，各具特色的家庭农场在余姚市蓬勃兴起，成为广大游客休闲旅游的好去处。位于小曹娥镇的东超渔业有限公司养殖水面有4 000多亩，该公司将传统渔业生产与服务业相结合，形成集休闲、垂钓、观光、美食、水族观赏等于一体的综合性渔业基地。近期，该公司还与婚庆公司合作，新设千米绿色长廊和水上婚礼平台等设施和小型航拍等特色项目，打造国内一流的婚纱摄影基地和婚宴中心。

家庭农场期待扶持和转型

“谁来种田”“谁来养猪”的问题在这群农场主身上找到了一部分答案。然而，正如任何一种新兴事物必然面临“成长的烦恼”一样，新的问题出现了：靠着一家一户“单打独斗”，田能种好吗？大量青年人回到村庄做起“职业农民”，如果配套建设跟不上，他们能待多久？如果政策和资金扶持迟迟不能到位，当初许下的“红利”如何兑现？

2015年2月初，江苏省徐州市家庭农场数量已从个位数发展到超过2 300家，成为新农村建设的一支重要力量。从徐州市家庭农场的发展情况，可以窥见我国各地家庭农场之一斑。

2 361个家庭农场撑起农业“半边天”

“家庭农场”是一种崭新的农业形态，在我国出现不过两年时间。2013年中央一号文件第一次提出这个名词，随后家庭农场便以迅疾之势席卷全国，吸引了大批青壮年劳动力回到农村，成为“职业农民”。

大学毕业生蒋超是徐州市第一个拿到家庭农场营业执照的农场主。这个28岁的小伙子毕业后便回到贾汪区紫庄镇，和父母一起养殖家禽。2012年春天，他承包了近1 000亩土地种植黄桃、水蜜桃。次年3月，拿到家庭农场营业执照后，他种植的桃子因有品质保证被沛县一家企业收购一空。

眼下，家庭农场已成为推动各地农业发展的一支重要力量，许多种粮大户和养殖大户纷纷办起家庭农场，经营内容包括种植业、水产和畜禽养殖业。目前徐州市共认定家庭农场2 361个，经营总面积达43.6万亩，平均每户经营面积为184亩。其中，规模最小的二三十亩，最大的有数千亩，有328个家庭农场经营面积超过500亩。

土地的集中利用客观上推动了农业规模化、集约化、商品化发展，也为农场主带来了较为丰厚的经济收入。

铜山区棠张镇胜芳葡萄种植家庭农场成立于2013年6月，农场主史光胜一家投资400多万，流转了300多亩土地，引进9个品种的葡萄、提子和桃子进行种植。2014年，农场销售总收入达到900余万元，实现利润600余万元。同镇的红雪白羽家庭农场规模只有40亩，年利润也达到了55万元，占到家庭总收入的90%以上。

政策和资金扶持迟迟不到位

短短两年时间里，全市家庭农场数量猛增，但后续发展面临的问题也接踵而至：扶持政策难以落实，贷款难申请，农村配套设施不健全。

徐州市无党派知识分子联谊会在提案中提出了“政府扶持政策落实不力”的问题。提案中写道：“政府对土地规模经营的优惠、补贴政策不能有效落实，97.3%的家庭农场应领取的种粮补贴却仍旧发给土地流出方，挫伤家庭农场粮食生产的积极性；农业基础设施建设投入不足，水利设施、农田道路、供电系统等具有公共属性的基础设施建设仍由家庭农场负担。”

此外，社会化服务组织缺位，融资体系建设滞后，也制约了家庭农场的持续发展。根据调查，目前徐州市农村社会化服务组织尚属空白，家庭农场基本上是“单打独斗”。据统计，71%的农场主反映，他们迫切需要农业科技、农机租赁、农产品销售平台服务；92.6%的农场主表示需要银行贷款，但遇到贷款障碍的比例高达73%，依赖民间借贷的家庭农场占到60.8%。徐州市农村金融服务业发展滞后，再加上融资机构的选择性歧视，导致家庭农场抵押贷款、融资成本和难度较大。

家庭农场要积极转型升级

徐州市有关组织建议，当前徐州市要着重建立健全推进家庭农场发展的三个机制：积极引导、统筹协调的“准入机制”，促进家庭农场发展的“服务机制”，完善稳妥的“退出机制”。

一方面，应统筹规划土地流转推进速度与家庭农场发展规模，确保家庭农场发展规模与当地自然经济条件、劳动力转移情况、农业机械化水平相适应，一般条件下，将新增家庭农场规模控制在300亩左右；另一方面，应加快构建农业社会化服务体系，在巩固乡镇涉农公共服务机构基础条件的同时，大力培育各类经营性服务组织、社会中介、行业协会，发展农村第三产业，并以政府购买服务的方式，全方位、立体化服务家庭农场发展，在有条件的地区、乡镇建立“家庭农场协会”。

一些基层干部认为，在政府加大扶持力度和提高农村配套建设水平的同时，家庭农场本身也必须保持市场“敏锐度”，适时转型升级。

“家庭农场机械化运营成本比较高，即使享受到一定的补贴，如果生产一般的农产品，那么规模不算大的家庭农场比起农业大公司、生产大户显然是没有优势的，甚至有可能竞争不过普通农民。”棠张镇农经中心主任夏庆永说：“家庭农场应当抓住城市市场的多种需求，生产高质量、有特色的品牌产品。”

“规模大”不是家庭农场的基本特征

家庭农场作为我国“以家庭承包经营为基础、统分结合的双层经营”农村基本经营制度的补充和完善，是实现农业适度规模经营的主要形式。土地流转应该是鼓励和支持承包土地向“有种田能力的农民”集中，而不是向“有土地集中能力的人”集中。2015年1月28日，《大众日报》刊登青岛农业大学中国农村发展研究院院长牟少岩的文章，就家庭农场规模适度微调进行了探讨。

文章认为，所谓“适度”是指家庭农场规模要有一个合理的上下限。有了上限和下限的设定，才能使家庭农场的规模处在一个适度的空间。设定下限的基本依据是保持家庭农场的收入与当地城镇居民家庭收入水平相当，并使其区别于普通农户。这一点已形成共识，各地在制订家庭农场认定和发展政策上，也都因地制宜设定了下限标准。但是对于是否应设定家庭农场规模的上限尚未受到应有的关注。

家庭农场规模应设定一个合理的上限，这是坚持公平原则的需要，使家庭农场区别于作为企业的以雇工为主的资本农场，有利于避免和克服家庭农场发展过程中偏重大规模的倾向。

首先，家庭农场的规模涉及家庭农场与普通农户之间的公平问题。我国农村基本经营制度从20世纪80年代初设计家庭联产承包责任制开始建立。这一政策是以公平为首要原则的，是把村集体所有的土地按人口平均承包给每一户农民，是以公平为原则赋予了每一户土地承包权，只不过是农民焕发出来的生产积极性所带来的生产效率的提高淡化了这一点。中央有关的“三农”政策历来强调稳定土地承包关系，这看起来是在维护农民的土地承包权，实质是在维护公平原则。中央《关于引导农村土地经营权有序流转发展农业适度规模经营的意见》明确指出，坚持经营规模适度，既要注重提升土地经营规模，又要防止土地过度集中，兼顾效率与公平，不断提高劳动生产率、土地产出率和资源利用率，确保农地农用，重点支持发展粮食规模化生产。这一原则应该一以贯之于家庭农场的政策和制度设计之中。

我国的基本国情是人多地少，而农业劳动力转移又是一个循序渐进的长期过程。受我国城镇化进程的制约，土地流转的速度不应该快于农业劳动力转移的速度。如果农村土地集中速度过快，普通农户就会失去承包土地的经营权，就会冲击家庭承包经营这一农业基本经营制度。在这一背景和条件下，只有一部分人有机会经营家庭农场。

承包地的流转是一种市场行为，每个农户拥有维护自己已经承包土地的承包权不受侵害的权利，对于其他农户出让的土地经营权也应有同等的承租权。政策“鼓励和支持承包土地向专业大户、家庭农场、农民合作社流转”，是基于对我国现阶段“三农”领域的一些现实考虑，主要是土地零碎化、土地规模小影响农业技术推广的效率等家庭经营制度的负面影响日益显现，但这不等于也不能排除普通农户的承租权。如果鼓励和支持承包土地向家庭农场等新型经营主体流转的力度过大，会损害家庭农场与普通农户之间的公平，也会损害农地配置的市场机制。

其次，家庭农场的内在逻辑和目前家庭农场政策精神决定和蕴含了其应有规模的上限。这涉及正确把握国家家庭农场发展政策实质的问题。家庭农场无论作为一般概念还是政策概念，其内涵都决定了其要义之一是以家庭成员为主要劳动力。这也就是说雇工应少于家庭务农劳动力数量。以家庭成员为主要劳动力，不但能够保障家庭经营的主体地位和优势，而且可以兼顾土地产出率和劳动生产率的最优匹配。这也是家庭农场区别于以雇工经营为主的资本化农场的主要特征。因此，从逻辑上看，家庭农场肯定要以家庭劳动力为主；从政策上看，也规定常年雇佣劳动力不能超过家庭劳动力人数，这一逻辑和规定隐含了对家庭农场上限的规定。中央《关于引导农村土地经营权有序流转发展农业适度规模经营的意见》要求，“对土地经营规模相当于当地户均承包地面积的10至15倍、务农收入相当于当地二三产业务工收入的，应当给予重点扶持”，这是我们设计和执行家庭农场政策应把握的关键点。各地可根据当地的实际来合理确定家庭农场土地规模的上限。超出这一规模，则属于以雇工为主的资本农场，应作为以农业为经营范围的企业来登记和管理。

第三，我国土地流转政策应该是鼓励和支持承包土地向“有种田能力的农民”

集中，而不是向“有土地集中能力的人”集中。从理论上看，土地流转是一种市场行为，土地经营权租赁行为的达成应该是双方真实意愿的自由表达。但在实践中，土地的流转不仅与地租这一经济因素有关，与亲情、友情这些社会因素有关，更与租赁方在村子里的影响力有关。如果不限定家庭农场的上限，承包土地就会无限制地流入“有能力集中土地的人”手中，从而导致有机会经营家庭农场的人更少，甚至导致一部分“有种田能力的人”失去机会。这不符合发展家庭农场政策的初衷。

如果放任家庭农场的经营规模无上限扩张，还可能使资本化农场打着家庭农场之名，既享受家庭农场的优惠，又规避对资本化农场的管理，导致工商资本利用这一渠道大规模进入农业领域。工商资本逐利的本性会带来“非粮化”“非农化”的风险，而且其大资本的优势也会推动土地租金的上涨，使得真正的家庭农场经营面临成本增加的困境。

综上所述，家庭农场的要义是适度规模经营，适度规模的指标应该包括雇工人数和土地规模，这个适度规模不但要有一个下限也要有一个上限，雇工人数可以不设下限。上限要根据各地实际情况（包括土地流转市场的供给情况和需求情况），综合考虑公平原则和效率原则合理确定，否则家庭农场的发展会进入误区，背离初衷。发展家庭农场的政策导向应当是让更多农民有机会成为农场主，家庭农场的发展主要应该是数量的增加、内在质量的提高，而不是规模的扩大。

文章最后提出自己的观点，认为雇工人数和土地规模超过上限的，不应该登记为家庭农场。

也有专业人士认为，土地流转、家庭农场是当前农业的热门话题。农村土地流转促进了农业的产业化、规模化经营，在很多地方搞得很是红火，然而有的地方在推进过程中出现的过分求大、人为“垒大户”现象却需要警惕。

相较于以往一家一户的分散经营，把分散的土地流转到一起，既有利于农业种植的标准化、规范化作业，又能够有效摊薄单位成本，因而得到了有关部门的大力支持。但如果只是单纯地追求规模效应，对农业发展往往并无益处。在实践中有的地方不顾客观条件，一味鼓励农业大户“做大做强”，拿出各种优惠政策，鼓励那些农业大户能种百亩的种千亩，能种千亩的种万亩。如此一来，万亩大户的数字上去了，实际效益却下来了。有媒体报道，某地强垒出的十几户“粮王”有三分之一因为经营不善已经破产，这一现象值得有关部门深思。

在市场经济环境中，土地流转应该是一个水到渠成的过程，绝非越大越好，越快越好。有数据表明，一个家庭农场种植粮食的规模在300亩到500亩时最为适度，超过这个规模，粮食亩产就要下降。可见，在推进土地流转的过程中，从当地资源禀赋和农业发展水平的实际出发，少一些“万亩农业园区”“万亩产业基地”的政策冲动，对农业发展和农民增收都是一件好事。近日中央全面深化改革领导小组第七次会议明确指出，深化土地改革要始终把维护好、实现好、发展好农民权益作为出发点和落脚点，坚持土地公有制性质不改变、耕地红线不突破、农民利益不受损三条底线。动辄想搞“万亩粮田”的同志，不妨先记熟这三条底线。

我当上了家庭农场主

2014年12月23日，《农民日报》发表安徽省天长市稼禾家庭农场主陈宏平口述，宣金祥、范正磊整理的文章，介绍了陈宏平当上家庭农场主的喜悦心情。口述内容如下：

2014年年初，咱在安徽天长市冶山镇高巷村流转了645亩丘陵地，种了小麦和水稻。年终了，咱核算了一年的收入账：午季小麦亩均产量1 096斤，秋季水稻亩均1 265斤（高产田块达到1 478斤），按市价，亩均产值3 127.53元，除去成本，亩均净收益685元，咱今年轻松地将44.18万元装进了腰包。农场实现了高产、高效益，咱的体会是——种田，就该是过硬的“田把式”。

土地流转规模要适度。咱农场地处高岗丘陵，地貌、水利等条件制约着大型机械作业，流转面过大，遇突发恶劣天气很难及时种得下，收得上。许多同行和当地农户劝咱扩大种植规模，咱并没有被往年高产冲昏头脑，去年咱和大户合伙承包3 000余亩耕地的利润只有今年自己单独承包600多亩利润的一半，种植风险远远大于现在，所以中央一号文件提倡适度规模经营，是非常科学的决断。

种田技术要常琢磨。咱作为天长市唯一获得“技术职称”的农民技术员，常年坚持研究农科技术。2014年，水稻孕穗期遭遇三十多天低温阴雨，咱预感到会发生大面积稻瘟病、稻曲病，在稻瘟病爆发前预防用药三遍，稻曲病连着防治两遍。当有的家庭农场和大户因发生孕茎穗和稻曲病减产三四成，收上来的稻谷一片黑只好当饲料贱卖时，咱的645亩稻谷亩均产量达到1 265斤，有的田块高达1 478斤，米质和出糙率都超出公司订单标准。

选良种跟着市场走。现在种田跟过去不一样，不光要产量，还要能卖上好价钱。咱以市场为导向，每天都关注媒体发布的农业发展新动态，严格按照企业标准引进优良品种。2014年，咱选用“丰良优香一号”水稻品种，是国内少有的凝香型籼米，一切都按安徽省牧马湖粮油公司订单标准进行标准化生产，坚持使用高效、低毒、持效期长的农药，每公斤高出市价0.15元，亩均净增收95元，仅此一项就增收61 275元，切切实实尝到了优质高效农业的甜头。

溧水家庭农场主开博推广技术上央视

他的QQ24小时在线，2013年6月又注册成为溧水区首个家庭农场主……他就是乐于尝鲜新生事物的溧水区白马镇曹家桥村土生土长的中年农民吴带根。因其潮范儿十足，做事特立独行，在全市种粮大户中算是个“奇人”。

“从三年前开博到现在，我的大部分博文都和‘麦套稻’技术推广有关。”2013年6月13日，站在曹家桥村口刚割完麦子的田边，穿着短袖衫的吴带根乍一看就是个地道的农民。“等这最后四五十亩小麦收割完，合作社1 200多亩麦田不仅秸秆已全部还田，稻种也全撒下去了，全市能这么快完成水稻播种的，可能只有我们。”吴带根骄傲地说。

“你蹲下抓一把切碎的麦秸秆，看看里面有什么。”领着记者走下田埂，吴带根扒拉着田里已切碎的麦秸秆捡起了几粒稻种。“是割麦子时撒下去的。”他说，与传统“麦套稻”不同，这是新型“麦套稻”技术——扬州农科院一位教授的专利——可一次性完成收割、播种、秸秆还田作业，而且能把麦、稻秸秆“全量还田”。

吴带根说，2013年合作社的麦田全部用新型联合收割机收割，可边收割边脱粒边切碎秸秆抛撒到田里，同时将稻种也撒下去。稻种已提前用进口生态化肥农药做了“包衣”，切碎的秸秆松软透气，覆盖在稻种上像盖了层被子。稻种出苗后比普通秧苗粗壮，秸秆沤烂后变成有机肥，这样的稻田可比普通稻田少施一半化肥农药，种出的大米都是无公害的。

“当初上新浪开博客，就是为了让更多种粮大户了解和运用这一技术，同时寻求政策、资金支持。”吴带根说，没想到自己一个种粮大户开博客推广“麦套稻”能引起央视关注。去年，几位央视记者扛着摄像机来到他的“麦套稻”试验田采访，节目很快在央视七套《科技苑》播出。节目播出没多久，市区农业局相关专家就走进他的试验田，一番考察论证后，一块块政府重点扶持的“麦套稻示范方”牌子插进了他的试验田。

有了政府的扶持，吴带根和白马镇几个种粮大户组织了一百多户粮农，成立了“麦套稻”技术推广合作社，请来扬州农科院、南京农业大学、南京土壤研究所专家教授做技术顾问，把“麦套稻”种植面积扩大到现在的1 200余亩。

“这次注册成立家庭农场，就是想拥有自己的粮田，可以更方便地搞‘麦套稻’推广，所有推广经验我都会写进博客。”吴带根说。他的“麦套稻”技术目前还不是南京种粮主流技术，在秸秆补贴、农机购置补贴上申请政府扶持有一定困难，这些都已被他写进博客，希望能引起关注和支持。

家庭农场等将成农业发展主体

农业发展的主体未来将是家庭农场、农业合作社、龙头企业。而在农业发展的过程中，行业已经形成了专业化、职业化和现代化、社会化的特征，在此现状下，金融如何能够满足行业发展已是迫在眉睫的议题。中原是粮食主产区，在金融助推中原趋势上，支持中国农业发展不能靠过去的老经验，要研究如何更好地为农业服务。

农业投资的一组数据也显示了行业的巨大前景。清科研究中心数据显示，近年来，在国家政策的大力支持下，农业各细分领域发展迅速，吸引了包括产业资本、社会资本在内各类机构的积极投资。2006年至2012年，中国农业领域已经披露的投资案例累积达到287起，涉及投资金额38.87亿美元。2012年较2011年投资案例数大幅增加，创下历年投资增加的最大增幅50起。

从投资案例数量的细分行业看，2006年至2012年的287起投资案例中，农、林、牧、渔及上下游相关的支持性产业均有所涉及。其中，以农业（种植业）披露的案例数最多，而绿色、有机的种植方式又是目前较为吸引资本关注的热点。联想高调宣布进入农业行业，以水果种植为切入口，业内人士认为，这也与龙永图所称龙头企业成为主体的趋势不谋而合。

这些年来，我国在进口粮食的数量上把住了红线，在维护粮食安全方面做出了努力。

山东省家庭农场登记试行办法

家庭农场登记申请人自愿选择登记及组织形式。家庭农场可登记为个体工商户、个人独资企业。符合法律法规规定条件的，也可以申请登记为合伙企业、公司等其他组织形式。

第一条 以家庭或家庭成员为主要投资、经营者，通过经营自有或租赁他人承包的土地、林地、山地、水域等，从事适度规模化、集约化、商品化农、林、牧、渔业生产经营的，可以依法登记为家庭农场。

依法申请登记的家庭农场应符合以下条件：1. 家庭农场经营者应具有农村户籍；2. 以家庭成员为主要劳动力；3. 以农业收入为家庭收入主要来源；4. 经营规模相对稳定，土地相对集中连片。土地租期或承包期应在5年以上，土地经营规模达到当地农业部门规定的种植、养殖要求。

第二条 家庭农场登记申请人自愿选择登记及组织形式。家庭农场可登记为个体工商户、个人独资企业。符合法律法规规定条件的，也可以申请登记为合伙企业、公司等其他组织形式。

家庭农场办理工商登记后，可以成为农民专业合作社的单位成员或公司的股东。农村家庭成员超过5人，可以以自然人身份登记“家庭农场专业合作社”。

家庭农场转型升级采取公司等组织形式登记的，可保留原字号和行业用语；原经营项目中有法律法规规定需经许可经营的，经发证机关确认可继续经营。

登记机关应加强对申请家庭农场业户相关法律法规的宣传指导，以便于其选择利于经营、便民惠民的组织形式。

第三条 家庭农场由其经营场所或住所所在县、不设区的市工商行政管理局以及市辖区工商行政管理分局负责登记，法律法规另有规定的除外。

登记机关可以委托符合条件的工商所以登记机关名义办理家庭农场登记。委托权限、主体类型等应报市工商行政管理局备案。

第四条 家庭农场名称由行政区划、字号、家庭农场依次组成，家庭农场可以与农民专业合作社、公司等其他组织形式联用，但其申请行业和组织形式表述应符合所依据法律法规的规定。

支持家庭农场以经营者姓名、商标作为字号，或以字号申请商标注册。

第五条 家庭农场的经营场所（住所）可以是经营者所在地家庭住址，也可以是种植、养殖地所在村址。

第六条 家庭农场可以在从事农、林、牧、渔种植、养殖业的基础上，兼营相关研发、加工、销售或服务。

家庭农场申请一般经营项目的，经营范围可以核定为家庭农场经营，也可依申请按具体项目核定，涉及前置许可的，要先办理有关许可手续后，再开展经营活动。

第七条 家庭农场申请人可以以货币、实物、土地承包经营权、知识产权、股权、技术等多种形式、方式出资，家庭农场按个体工商户、个人独资企业、合伙企业及农民专业合作社举办的，其出资采用自行申报制；其他组织形式举办的，应符合其登记所依据的法律法规。

第八条 申请家庭农场设立登记应当提交下列登记材料：

1. 设立登记申请书；

2. 申请人身份证明；

3. 《农村土地承包经营权证》《林权证》《农村土地承包经营权流转合同》等经营土地、林地的证明；

申请登记的经营范围中有法律法规规定必须在登记前报经批准的项目，应当提交有关许可证书或者批准文件复印件；在未取得批准前，可先行办理筹建登记。

委托代理人办理的，还应当提交经营者签署的《委托代理人证明》及委托代理人身份证复印件。

以合伙企业、农民专业合作社、公司等形式登记的家庭农场设立登记按国家工商总局提交材料规范执行。

第九条 家庭农场法定登记事项发生变化的，应当依据相应的法律法规规定，申请办理变更登记。

第十条 家庭农场不再从事经营活动的，应当到登记机关依法办理注销登记。

第十一条 登记机关对登记的家庭农场依法进行监督管理。登记机关应加强行政指导，督促家庭农场规范经营，对其违法行为应当依据相应的法律法规规定进行处理。

第十二条 家庭农场营业执照副本的有效期应按土地承包经营或流转期限核定。

第十三条 家庭农场注册登记免收注册登记费、验照年检费和工本费。

第十四条 家庭农场党员应积极参加党的活动，符合条件的要依据中国共产党章程的规定，建立中国共产党的组织，开展党的活动。

第十五条 从事家庭农场经营者，应当在取得营业执照后30日内，向登记地农业等部门备案。

第十六条 本办法自2013年5月16日起施行，有效期至2015年5月15日。国家工商总局、省政府出台新的家庭农场登记注册办法后，本办法自行废止。

河南如何走好土地适度规模经营这盘棋

2015年中央一号文件中提出，“坚持和完善农村基本经营制度，坚持农民家庭经营主体地位，引导土地经营权规范有序流转，创新土地流转和规模经营方式，积极发展多种形式适度规模经营，提高农民组织化程度。”河南省如何贯彻落实这些文件精神？中共河南省委政研室的专家结合河南“三农”发展实际进行了解读。

适度规模经营符合河南省情

河南省人均耕地和淡水资源分别只有全国平均水平的4/5和1/5，世界平均水平的1/4和1/20。适度规模经营，有助于河南省加快转变农业发展方式，从依靠拼资源消耗、拼农资投入、拼生态环境的粗放经营，尽快转到注重提高质量和效益的集约经营上来；有助于河南省承担主产区重任，只有走适度规模经营之路，加快农业现代化步伐，通过向耕地质量提升，推广良种良法，机械化，集约化，适度规模经营求效益、求突破，才能保住河南农业粮食生产核心区的“王牌”。

一是探索方式要多样。推动农村土地向规模经营主体流转，大力发展订单农业、家庭农场等多种形式的适度规模经营。鼓励支持培育发展种养大户，支持家庭农场、农民合作社、农业产业化龙头企业等新型农业经营主体做大做强。

二是体制机制要创新。大力推进农村土地流转，着力培育新型农业经营主体，积极探索农村金融机制创新，开展土地经营权、林权、宅基地使用权、大额订单、农机具等抵押担保贷款。不断增强农业经营主体的运转能力，提升适度规模经营的层次。

三是区域布局方面要因地制宜。宜粮则粮，平原地区要加快推进土地流转，稳步增加小麦、玉米、水稻等优质专用粮食种植面积。宜经则经，适宜发展特色农产品的产业带，要大力发展食用菌、中药材、茶叶等特色农产品基地发展产业链。宜牧则牧，通过市场引导，规模经营，将浅山丘陵区、黄河滩区建设成为以绿色环保为主的绿色奶业示范带。宜林则林，在适合发展林产业的山区，支持发展花卉苗木、特色经济林、林下经济、用材林、林产品加工等产业发展。

四是结合产业带走品牌之路。打造出更多叫响国内外的河南农业品牌。

五是推进产业化走集群集聚发展之路。在豫西、豫南的山区丘陵地区规划建设一批花卉苗木、油用牡丹、食用菌、茶叶、核桃、果品等产销一体化的特色产业集群。瞄准世界市场，提升生猪、家禽、肉牛、肉羊、奶业集群化发展水平，打造出一批像三全、思念、双汇、华英等全国知名的农业品牌。

处理好适度与规模的关系

推进农业适度规模经营，不能单纯理解成土地经营规模的扩张，更不能简单等同于土地兼并。

要与生产单位的生产能力相匹配。在今后相当长时期内，河南省小规模农户仍占大多数，适度规模经营是方向，尤其是对土地经营规模相当于当地户均承包地面积10至15倍，务农收入相当于当地二三产业务工收入的经营主体，应给予重点扶持。

要与生产环境相适应。应该依据自然经济条件、农村劳动力转移情况、农业机械化水平等因素，确定土地规模经营的适宜标准。

要尊重农民意愿，尊重农民积极性、创造性。不硬性下指标，强制推动，片面追求超大规模经营。

要与效益最大化原则相一致。现阶段，河南省在稳定发展粮食生产的基础上，正在加快促进“两转”，走产出高效、产品安全、资源节约、环境友好的现代农业发展道路，这将有利于引导各类经营主体效益最大化，保障农民取得稳定的收益。

在规模上谋发展

中国土地的分散化、小型化在河南典型地表现为碎片化、微小化。先进科技成果难以应用，优质金融服务不便铺开，比较效益和农产品市场竞争力难以提升。这些问题倒逼河南省必须在规模经营上寻求突破。

一是特色种植业要集中连片。鄢陵抓住“壮大规模、培育龙头、打造名牌、发展集群”的思路，围绕产业不断拉长链条，狠抓特色产业集群，促进经济结构的调整，带动县域经济的转型升级发展，60万亩林海里撑起了特色产业高地，具有典型性。

二是集中养殖业要看准市场风头。双汇集团牢牢把握住规模养殖企业生产的商品仔猪成活率高、生长速度快、市场售价明显高于小规模养殖企业和散养户的市场规律特点，大力发展集中养殖，集中度远高于行业生猪养殖平均水平，经验值得借鉴。

三是按市场需求做规划。要逐步像二三产业那样，生产面向市场需求，大力发展特色农业、品牌农业，提高农业附加值。

值得山区借鉴的家庭农场发展模式：台湾生态农庄

山区受自然、环境、地理条件、耕地面积等因素限制，发展家庭农场，难以像平原地区那样借鉴“欧美模式”，走机械化生产、规模化经营之路，必须因地制宜，另辟蹊径。我国台湾省的“生态农庄”，有以下鲜明特点：

注重生态，着眼长远

台湾的生态农庄，有不少建设者的最初目的是在乡村为自己营造一个能够亲近自然、亲近田野，远离俗世烦扰、远离现代都市生活的宁静港湾，因此在农庄建设过程中，不是将经济效益放在第一位，而是将环境的保护与改善、生态功能的恢复放在第一位。台湾的生态农庄主常常花费数年工夫，把很多钱投资到改善环境上。在种植或养殖生产过程中，他们基本不施化肥，不打农药，有的甚至农家肥也不使用。提高产量的主要措施就是靠逐年恢复、改善、培肥地力。其目的一是确保所处生态环境不受外来化学污染，二是确保自己的产品质量原汁原味，营养、安全、健康。这种农庄经营模式，与很多急功近利的投资者心态相比，有着很大不同，因此他们的经营理念，也常常不被外人所理解。但从长远看，这种生态农庄极具生命力。因为随着经济的发展，人类对自然的影响几乎触及地球的各个角落，就是在一些偏远山区也不例外。当越来越多的环境被污染、生态被破坏，当人们很难再找到不被污染、不被破坏的生态居住环境后，这种苦心经营的生态农庄就会显得弥足珍贵，越来越多的人就会对其感到向往，进而前去游玩、观赏、放松、体验。因此台湾的很多生态农庄，建园的初衷虽然是为了“悦己”，不是为了赚钱，但经过多年经营后，不少最终成了“悦人”的场所，获得了丰厚的回报。

融入自我，特色鲜明

台湾的生态农庄，很多在建设与经营过程中，都融入了自己的思想、创意与追求，具有鲜明的个性特征，给人以深刻的印象。

位于台湾省宜兰大同乡的“不老部落”，由重回故土的七户泰雅族先住民创建。该农庄的最大特色就是师法自然，回归自然。庄园的房屋都是用木头、茅草等自然材料搭建，与当地环境和谐地融为一体。住在庄园的人们坚持沿袭人与自然的古老法则耕种、纺织、狩猎，依自然农法种植作物、照顾动物，依从大自然的秩序自给自足。庄园提供的食材都是完全不施化肥、不喷农药的有机食材，很多采摘后不用清洗就可直接食用，非常新鲜、地道，但每一道菜肴的制作却独具匠心，极为精致、时尚，富有特色。

经过多年经营，目前“不老部落”是台湾先住民对外观光发展中最受好评的部落之一，吸引了世界上众多游客的关注。但为了保护庄园的生态环境，“不老部落”严格控制每天观光人员的数量。游客们在庄园中虽然只能停留短短的数小时，但却可尽情地品米酒，啖美食，欢歌笑语，享受大自然，完全抛弃俗世的烦恼，进入“不老”的境界。

“薰衣草森林庄园”则是台湾的两位厌倦了城市生活的女生用爱打造的梦幻庄园。她们选择在环境优雅、远离城市喧嚣的地方，凭借自己的双手开辟出一片庄园，种上色彩艳丽、香气扑鼻的薰衣草，自己动手提取香精，制作精油香皂。其鲜明的特色不仅引来众多游人参观，其产品也受到众人“热捧”。因为生意红火，目前该庄园在台湾的乡间开设了多家分店。

位于桃园观音乡的“青林农场”种有来自世界各地的数十种向日葵。除免费观赏外，游客在这里还可品尝到农庄特别开发的向日葵花茶以及向日葵蒸饭、葵花油鸡、葵花卤蹄髈等向日葵大餐；“波的农场”则专门种植猪笼草、捕蝇草、毛毯苔、瓶子草等食虫植物，数量达两万余盆，游客在农场解说员的引导下，可以亲眼观看食虫植物的秘密；“宾朗蝴蝶兰观光农园”主要种植从各地收集到的蝴蝶兰，在这里游客可以看到高雅美丽的蝴蝶兰从组培幼苗直到开花全过程；“花开了休闲农场”则专门种植珍贵的树木与奇花异草，环境清新优雅，让人流连忘返。

因地制宜，不断创新

台湾的生态农庄，在建设过程中汲取了不少老子的道教思想，特别注意发现、挖掘当地特色资源和本土历史文化，讲究因地制宜，顺其自然，师法自然，道法自然，而不是墨守成规，复制照搬，更不是依靠人力或者机械的力量去改造自然。

充分发挥大脑的思维与想象力，注重创意与创新，也是台湾生态农庄一大特色。例如位于台湾新竹关西的金勇DIY休闲农场，坚持每年都从国外引进十余种最新的番茄、彩色甜椒、水果玉米等特色蔬菜，目前仅大小、形状不一，色彩缤纷艳丽的番茄就种植有数十种之多。在这里游客可以购买到“联合国番茄礼盒”，每盒内26个不同品种、16种不同颜色的番茄，让游客一次就可观赏、品尝到来自世界各地的番茄。由于创意无限、创新不断，台湾的不少农庄，游客参观多次后仍然有耳目一新的感觉。正因如此，台湾的生态农庄才各具特色，而且常去常新。

做精做透，以质取胜

台湾的生态农庄多以“小而精”取胜。它们不刻意追求农庄的面积、规模，不一定非要种植多少作物，获得多高产量，产品有多大的批量，但非常注重精细管理，精深加工，融入创意，提升品质。有的产品甚至限量供应，量少质精，坚持以质取胜，以特色取胜。例如种植茶叶的农庄，有的只采一道春茶，然后将其精心加工、制作、包装，使其成为茶叶中的“极品”。其他时间则搞好茶园管理，让茶树健康生长，养精蓄锐，确保春茶品质上乘。有的农庄则利用溪流养殖红鳟、银鳟或其他观赏鱼类，游客可以在农场购买饲料喂食、嬉戏、体验、观赏，鱼却并不对外出售。如此做法，反倒吊足了游客的胃口，吸引了众多游客慕名而来，不仅保持了产品持久旺盛的生命力，也最大限度地降低了资源消耗，保证了良好效益。

台湾生态农庄的这种做法，非常符合台湾山多、地少、面积小，不适合大规模、机械化耕种这一实情。反观我们抓农业产业，无论是山区还是平原，总是把面积、产量、产值作为重要的考核指标，总想“做大做强”，以规模论“英雄”，却忽视了实际效益；总想在单位面积上创造出更高的产量，却忽视了土壤、茶园也需要“休养生息”；总想售出更多的产品，却忽视了对资源的过度消耗和对环境的压力。这些对山区而言，既缺乏竞争优势，也不利于持续发展。台湾的生态农庄通过深挖特色，扬长避短，有效地避开竞争；通过做精做透、提质增效，实现资源节约、持续发展。此种发展方式非常值得与台湾情况类似的山区参考、借鉴。

注重口碑，就地销售

由于规模不大，所以台湾的生态农庄非常注重产品的“口碑”而不是“品牌”。他们认为“口碑”比“品牌”更重要，因此他们宁可将更多的精力放在保证产品质量上，放在让顾客满意上。为保证产品安全营养，他们严格控制化肥、农药、除草剂的使用，宁可增加投入、牺牲产量，也要保证产品质量；为了让游客品尝到口感最佳的产品，台湾很多生态农庄免费对游客开放，目的是吸引游客自己到农庄购买最新鲜、成熟度最适宜的农产品。

台湾的生态农庄大多建在偏远的郊区，吸引游客自己到农庄购买产品，实现产品就地销售，不仅有利于保证产品的质量，还有一大好处就是农庄可以免掉一大笔销售费用。农庄生产的土鸡蛋，如果游客自己去购买，既可保证鸡蛋的真实性与新鲜程度，又可省掉将鸡蛋拉到市场销售的运输、破损、营销等费用。如果将鸡蛋贴上标签或标明品牌外销，贮藏时间过长或保管方法不当，就有可能变质。如果产品几经转手后有所损害，最终的消费者就会认为是该农庄的产品质量没有保证。我们现在许多企业，宁可花费巨资做广告、争虚名、打造品牌、树立形象，却不肯在产品质量上多下真功夫；总想把产品销得很远，最好出口到国外，却忽视了本土市场的开拓，实在是舍本逐末、舍近求远。

强调参与，寓教于乐

台湾的生态农庄不仅设法吸引游客前往观赏、购买产品、享受服务，更注重游客的参与和互动。很多农庄都设有采果区、烤肉区、游戏区、垂钓区、农耕体验区、手工制作区等，游客在农庄服务人员的指导下，可以自己动手享受耕种、管理、采摘、喂养、加工的乐趣，品尝到亲手烤制的地瓜、土鸡等，或者利用农庄提供的材料，自己加工制作各种特色产品。有的农庄还经常举办与农业有关的知识讲座、趣味比赛，许多学校将这些农庄作为户外教学场所，还有不少家庭周末专门到农庄度假。人们在这里不仅可以避开城市的喧嚣，充分放松身心、亲近自然，尽情地游玩、休闲、娱乐，还可学到不少在城市里和课堂上学不到的知识，因而很受欢迎。

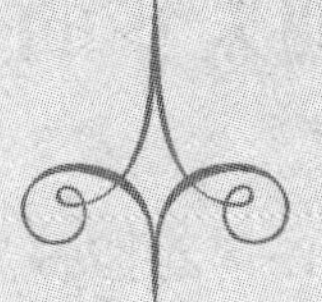

种粮大户篇

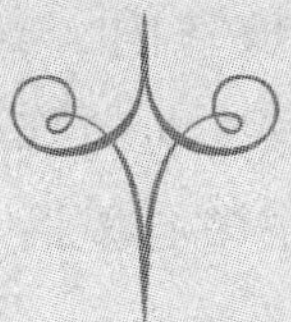

周口农民刘天华的“粮食梦”

周口农民刘天华“火”了。2015年2月2日《大河报》报道了他创办合作社，带领农民致富，中南海里与总理话种粮的事迹。

2015年1月27日上午，他应邀走进中南海，与李克强总理面对面聊关于种粮的话题。大约10分钟的谈话，他清楚地记得总理笑了3次。

从2009年在商水县魏集镇创办“天华种植专业合作社”起，刘天华始终没有脱离土地。经过6年的发展，他的合作社现有社员600多人，固定资产2 000多万元，托管土地6 800亩，流转土地4 200亩。用他的话说，他的合作社“带领了周边群众致富”。

“以后我要多种粮、种好粮，兑现我给总理的承诺。”1月30日下午，刚从北京返回的刘天华对大河报记者说。

回忆：他发言10分钟，总理笑了3次

1月27日上午，首都北京。京城的天有些寒冷，周口农民刘天华的心里却很暖。作为唯一一名基层农民代表，他应邀参加国务院总理李克强主持召开的科教文卫界和基层群众代表座谈会，对政府工作报告征求意见稿提出建议、意见。

中南海里，同总理坐在一个会议室内，刘天华有点紧张，整个后背被汗水浸透。会上，总共有10名代表发言，其中包括陈道明、姚明等知名人士，刘天华被排在最后一个发言。他向总理“说了很多心里话，谈了自己对发展农业的看法”，总理听了很高兴，给予了赞赏。

他回忆，大约10分钟的谈话中，总理笑了3次。第一次，是他向总理承诺“多种粮、多打粮、打好粮”；第二次，是他告诉曾经在河南工作过的李克强，“乡亲们都很想您，盼望您有空回来看看”；第三次，是他发言结束，总理笑着对他说“你们辛苦了”。

刘天华还记得，总理对他感叹说：“你们是衣食父母啊！”听了这话，刘天华

心潮澎湃，一阵激动。他对总理表态，一定干好农活，当好农民，带领更多的群众致富。

说到动情处，朴实的农民刘天华难掩心中激动，他“腾”地一下站了起来，用鞠躬这个最传统的方式表达对总理关心农业的敬意。全场的目光聚集在站起身的刘天华脸上，他愈发紧张，感到全身涌动着一股暖流。见状，总理忙招呼他说：“坐坐坐。”

心愿：做大做强合作社，带领更多农民致富

1月30日下午1点多，风尘仆仆的刘天华从北京返回家中。妻子为了“犒劳”他，给他下了一碗方便面，特意放了俩荷包蛋，“平时只有一个”。

“以后，或许我们也会吃上自己做的方便面，目前合作社正在走粮食深加工的路子。比如现在，我们就有自己生产的绿色方便食品——干芝麻叶。”坐在院子里的小板凳上，刘天华看着碗里冒着热气的方便面说。

他的家就在天华种植专业合作社院内。从卧室出来，隔壁就是他的办公室。他的办公室里没有花草，办公桌前摆着用玉米、麦穗等农作物做成的“装饰品”。他说，他有着浓厚的粮食情结，深爱自己脚下的土地。从高中毕业在乡镇粮管所干临时工起，他这辈子就没离开过土地。

44岁的刘天华，脸很黑。乡亲们从他参加座谈会当天的央视新闻联播中看到他时，“还是那个样子，就是头发整理了一下”。但是，这个黑脸大汉的心是红的。他满腔热血创办农业合作社，带领六百多位农民致富。

“我干劲儿更足了！我有信心做大做强合作社，带领全县农民致富。”1月30日，从北京回来的刘天华很是兴奋，筹划着自己的蓝图。他计划先从商水县西半部做起，一点点做大，“实现对总理的承诺”。

得知他开会回来的消息，合作社的成员们拥进他的办公室，盼望他“传达点中央精神”。他字正腔圆地告诉乡亲们：“以后我们的日子会更好！”

乡亲们似懂非懂地说：“中！中！你咋说俺咋干，反正跟着你不吃亏。”刘天华笑了，乡亲们也跟着笑了起来。

创业：搞农业合作社致富

2009年，刘天华创办的“天华种植专业合作社”正式挂牌成立。

首批加入合作社的彭民选回忆，当时，刘天华挨家挨户跑，对村民承诺种子、化肥、农药都不要钱，只要把地给他种，他保证村民不低于当前收入。

“我一想，这是好事啊。不操种地的心了，我还能外出打工再挣一份钱。”彭民选说。这几年，他一直把地托管给刘天华，不用干活，照样从土地里挣钱。

随着土地规模的扩大，刘天华还不断增添农机设备。“那么多地，靠人工是不行的，必须走机械化的路子。”2014年4月，他花费20多万元，买了一架无人植保飞机，专门用来喷洒农药，一天能喷洒800亩地。过去，一个人从早干到晚一整天也只能喷洒10亩地。

“天时不等人，低效率的人工喷洒往往错过了防治病虫害的最佳时机。”刘天华说。操作飞机洒农药，这对于一个农民来说是很大的荣幸，“搁过去，这都不敢想。”

眼看刘天华的合作社办得风生水起，更多的农户纷纷加入他的团队。合作社采取“合作社+基地+农户”的运作模式，实行“统一种植、统一品种、统一技术、统一质量、统一收购、统一销售”，成立了机耕队、机收队、排灌队、植保机防队。“降低了农业生产成本，实现了农机和农技的融合，达到了合作社和农户的双赢。”村民彭民选说。

目前，刘天华的合作社已建立粮仓2 000平方米、晒场1 500平方米，发展社员600多人，固定资产2 000多万元，托管土地6 800亩，流转土地4 200亩，农户存粮每年7 000吨。

决心：父子俩争当新型农民

2015年1月30日下午，河南周口市商水县魏集镇一块麦田。残雪还未完全消融，田间弥漫着一丝温润。

刘天华抓了一把雪，又把手指插进麦田的泥土里。“下透了，这场雪下得真是时候。”蹲在这块合作社的麦田里，刘天华和22岁的儿子刘记森查看雪后的墒情。

深受父亲影响，刘记森目前就读于河南农业职业学院，在现代农业工程系学习“种子生产与经营”专业。在父亲的启发下，他决定当一个新型农民。

“我这算是‘农二代’，但我是靠农业技术吃饭的农民。”坐在电脑前，刘记森这样阐述自己的身份。

与之不谋而合的是，李克强总理在与刘天华的对话中提出，“要加快培养新型农民”。很多“90后”大学生毕业后的选择是去大城市，但是戴着一副近视眼镜的刘记森却乐于回家种地。“我看准了这一行，以后农业会有大发展。”刘记森说。

可很多同龄人却不这么认为。22岁的刘记森曾经有一次相亲，女方听说他是大学生原本很乐意，但紧接着听刘记森说他毕业准备在家种地后，女方就说了一句

“咱俩不合适”，随即转身而去。

“我不管别人咋看，反正我很自豪我的农民身份。”刘记森一本正经地说。末了，他还特意对记者强调说：“我是新型农民。”

对于儿子能“子承父业”，刘天华很是骄傲。“我有种地经验，孩子有种地技术，我们对农业前景很看好，我们也有足够的信心和决心在农业上有一番作为。”刘天华说。

安徽扶持种粮大户规模经营

安徽省财政厅在充分摸底和调研的基础上，于2008年起安排农业综合开发资金，开展了以“改善基础设施条件，强化科技服务支撑，推动土地适度规模经营，全面提升粮食生产能力”为主要内容的扶持种粮大户活动。通过财政农业综合开发项目扶持，一大批规模经营的种粮大户已成为推进农业规模经营的有效载体，取得了较好的经济效益、社会效益和生态效益。

种粮大户建设的基本情况及特点

安徽省是全国13个粮食主产省之一。2008年至2012年，安徽省财政厅农业综合开发局种粮大户试点项目共扶持经营1 000亩以上的种粮大户103个、种植类合作社20家，治理土地面积28.25万亩，投入资金23 391.2万元。

安徽省的种粮大户呈现以下四个显著特征：一是文化素质较高，社会影响较大；二是经营规模较大，土地相对集中；三是户主年富力强，年龄结构合理；四是经营效益较好，具有一定经济实力。

扶持种粮大户的主要做法

一是深入调研，稳步推进。每年组织申报种粮大户项目前，安徽省农业综合开发局都对全省种粮大户情况进行深入调查了解，优先扶持代表性好、影响力强、流转规模大且集中连片、流转规范且时间长久的种粮大户。

二是项目引领，激发活力。为了使项目各项措施安排更加切合实际，在项目规划设计之初，农发部门就吸收种粮大户和合作社参与，帮助他们解决农业基础设施难题，为他们创造实行集约化经营的基础条件。

三是整合资金，放大效应。在扶持过程中，注重以农发项目为平台，积极整合其他涉农资金和带动种粮大户自身投入，调动大户扩大经营规模的主动性。

四是完善制度，规范管理。2008年，安徽省制定《农业综合开发支持种粮大户活动实施意见》，2010年又制定《安徽省农业综合开发项目“先建后补”管理试行办法》，通过制定新政策、新办法，为种粮大户发展创造了良好的外部环境。

扶持种粮大户的主要成效

一是农民增收致富得到进一步体现。种粮大户得到扶持，生产条件不断改善，科技水平不断提高，综合实力不断壮大。

二是农田基础设施得到进一步加强。通过加大对修路、修建桥涵闸、新打机井、健全排灌渠系等农田基础设施的投入，提高了抵御自然灾害的能力和种粮效益，这又促进了种粮大户对农田基础设施建设的维护和投入。

三是规模经营得到进一步实现。扶持种粮大户推进了土地流转进程，让现有的农田向种田能手集中，形成规模经营，实现规模效益，促进粮食生产向集约、高效、现代化方向发展。

四是粮食生产能力得到进一步提高。随着我们对种粮大户的扶持，特别是农田基础设施的不断完善，种粮大户敢于把零碎的土地连起来，通过机械化生产和新技术的应用，进一步提高了粮食生产能力。

种粮大户建设中存在的问题及原因

一是投入不足，标准不高。目前，安徽省农业综合开发局对种粮大户的扶持是按中低产田改造的标准进行的。建设标准离种粮大户计划发展的设施农业、节水农业、生态农业还有很大距离。

二是效益有限，后劲不足。种粮大户除了需要支付可观的承租费以外，还需购买种子、化肥、农药等生产资料，同时还要雇佣劳力，发放工资，而大多数种粮大户还是处在原粮生产与销售的低级产业模式，产业链短，利润空间小，效益有限。

三是融资困难，风险较大。目前农村信贷手续复杂，贷款金额小，农田不能抵押，多数大户享受不到银行贷款，资金成为当前大户发展规模经营、增加投入的重要障碍。

加强种粮大户建设的建议

一是政策倾斜，积极扶持。要按照中央一号文件要求，加大农业投入和补贴力度。种粮大户领办的土地治理项目建设标准最好按照高标准农田建设标准实施，集中投入，尤其是加大路、渠、涵、闸、晒场、仓储等基础设施投资，提高其抗御自然灾害的能力，实现旱涝保收。

二是资金专设，计划单列。项目区的选定可以以现有种粮大户的承包范围为中心，向外辐射一定面积，以完整的村级行政规划或完整的水系为依据。资金使用的方向和重点应该是由于生产经营规模扩大而带来的制约生产经营的瓶颈问题。同时，产权上落实主体，并以合同形式加以明确，探索创新利益联结机制，促进种粮大户与广大农民共同受益。

三是“先建后补”，完善制度。可适当以单项工程建设补助的形式来对其关键性单项工程建设进行补助。对于适宜自建的小型工程，组织农民或农民理事会自己开展建设。探索“先建后补”的管理机制，按照“自愿申报、审查审批、规划设计、明确标准、自行实施、达标验收、中介审价、定额报账、一卡通直补”的程序建设与管理。

四是健全机制，推进流转。一方面需大力培育土地流转市场，扶持发展土地流转中介服务组织，降低大户与一家一户家庭承包户的谈判和签约成本，另一方面要创新土地流转模式，创新载体，可积极探索土地流转股份制等新机制，密切种粮大户与流出土地农户之间的利益联结关系和信任关系，促进土地规模经营的可持续性发展。

江苏种粮大户盼补贴

粮价没提高，地价还在涨。

2015年1月27日，江苏省溧阳市社渚镇种粮大户汤芳伢报名参加了邻近的南渡镇5 080亩土地流转竞标，竞标将在春节过后进行。“有点担心的是流转费用可能会比较高。”他说，这几年他种了4 000多亩粮食，2014年收成特别好，平均下来每亩纯利约400元，不过，这4 000多亩地是前几年流转的，平均每亩流转费用705元。“南渡镇的那些地，估计每亩流转费没有850元拿不下来，这个价格，即使收成比较好，每亩纯收入也就200多元。”

老汤感到纠结的是，如果流转费每亩超过850元，他究竟该不该拿下来。他说，前几年种田之所以能赚钱，是因为国家出台的粮食最低收购价每年在提高，可是今年小麦最低收购价与去年一样，没提高，估计稻谷收购价也不会提高，而人工工资每年在上涨，即使流转费不变，种粮的纯效益也会下降；流转费一增加，种粮的效益就更低了。“再说了，谁能保证今年粮食产量能像前几年那么高？因此我初步设想，如果流转费超过850元，我就不要。”

南京市高淳区阳江镇西莲村种粮大户高声龙同样感到纠结。他流转的800亩地今年底就要到期，需要重新竞标流转，估计每亩流转费可能提高50元至100元。“流出土地的农民当然希望价格越高越好。”

可是，很少有人知道种粮大户的负担其实挺重的：一来几年的流转费需要一次性交清，肯定需要贷款，而利息就是不小的负担；二来需要添置农机，要搞农田基本建设，投入也不少。他说，当地养螃蟹的蟹塘每亩每年的流转费用基本超过2 000元，可是种粮的效益跟养螃蟹是不好比的。

作为高淳区人大代表，高声龙多次在人大会议上提出，流转费用需要根据土地的用途来确定。养螃蟹或者搞经济效益较好的设施农业，流转费可以高一点；如果是用来种粮的，那么每亩流转费为500斤左右的稻谷比较适宜，可以折合成现金，也可以以实物支付。“如果今年底流转费提高得比较多，我就要考虑是不是继续种粮了。”

一方面，粮食收购价格已经碰到“天花板”，另一方面，土地流转费在上涨，记者了解到，这让有关部门也很纠结。江苏省委农工办有关负责人说，土地流转费逐年提高，在全省是相当普遍的现象。不过，土地流转费是流入流出双方协商而定的，只要不违背农民意愿，都是合法的，也是符合市场规律的，政府部门是不能干预的。

虽然地方农业部门可以根据本地情况出台指导价，但由于土地用途不同，指导价有时候会被“空置”。比如说有些花卉苗木业比较发达的地区，土地流转费每年每亩高达四五千元，这势必会影响周边种粮土地的流转费。这位负责人认为，由于种粮的比较效益较低，如果土地流转费过高，会出现非粮化现象；而如果土地非粮化扩大，会危及粮食安全。如何在不行政干预土地流转价格的前提下，保护种粮大户的利益，确实是个新课题。

有些地方已经注意到这一现象并出台了相关政策扶持种粮农民。徐州市铜山区委农工办主任董现云说，铜山区近郊的土地流转费每亩每年普遍超过1 000元，对于种植经济作物的农民来说，这个价格可能不算高，但对于种粮农民来说就偏高了。该区张集镇有个种粮大户王世涛，种了800亩粮田，每亩每年的流转费超过1 000元，由于流转费偏高，种粮效益已十分微薄。

王世涛表示，如果流转费继续提高，他只能选择不种粮食。为了保证种粮大户有合理的效益，2014年秋天，铜山区出台政策，对于流转土地100亩以上、流转期限不少于10年的种粮大户，区财政给予每年每亩100元的补贴。“种粮大户为国家粮食安全做出了贡献，这种扶持是必要的。”董现云说。

另一种扶持形式是价外补贴。昆山市淀山湖镇红星村农民曹炳荣流转了90亩地种粮，流转期限为3年，第一年每亩流转费670元，以后每亩每年增加10元。2014年，老曹流转的田块亩纯利均超过800元。2015年年底，老曹流转的土地到期，需要再次竞标。他说，如果流转费涨到每亩800元，他仍然会种粮。老曹的底气与苏州市的粮食价外补贴政策有关——根据这一政策，老曹除了按照国家最低收购价出售麦子和稻谷外，每斤还能获得0.1元的价外补贴，稻麦两季加起来，就是一笔不小的数字。

“如果我们这里的种粮大户也能拿到粮食价外补贴，那么，对种粮大户的吸引力就会很大。”淮安市粮食局副局长张建中说。可是，作为粮食主产区，苏北大部分地区的地方财力有限，拿不出这笔补贴，“如果能够由省级财政转移支付，对提高农民种粮积极性将会起到很大作用。”

中国要强，农业必须强。近年来，我国粮食实现“十一连增”，农民增收实现“十一连快”，农业农村发展取得了突出成就。然而，当前我国农业发展有着一系列新的课题亟须破解。对于如何解决粮价没提高地价还在涨的问题，2015年中央一号文件提出从粗放经营到集约发展，探寻农业转型新路径。

目前，主要农产品国际国内价格倒挂，农业生产成本不断上涨，农业受到价格“天花板”和成本“地板”的双重挤压。同时，日益稀缺的资源和脆弱的生态环境正对农业生产高投入高产出的发展模式亮起“红灯”，农业发展的空间越发狭窄。

“面对这种严峻的形势，中国农业必须转变发展方式，用新的思路破解发展中面临的新问题。”中央农村发展领导小组副组长陈锡文指出。中央一号文件提出，把农业发展从主要追求产量和依赖资源消耗的粗放经营转到数量质量效益并重，注重提高竞争力，注重农业科技创新，注重可持续的集约发展上来。

中国社科院农村发展研究所研究员张晓山指出，一号文件在第一部分对转变农业发展方式进行了详细阐释和论述，从增强粮食生产能力、推进农业结构调整、强化科技创新驱动、推进农业生态治理等方面提出了转变农业发展方式的具体路径，提出了很多详细的举措和部署，极具针对性和指导性。

种粮到底挣不挣钱

滑县作为河南省第一产粮大县，2014年夏粮再获丰收。据农业部门测算，全县平均亩产1 110.4斤，总产95.37万吨，实现连续12年均衡增产。

如此的总产量和单产水平给种粮农民带来了多少收益呢？2014年8月16日《河南日报》记者走进滑县进行探访。

李计堂是留固镇的一名普通农民，家有7口人，种有14亩地，今年打了1.6万斤小麦，主要是繁育种子，以1.3元一斤的价格售出，收入20 800元。李计堂给记者算了一笔账：

每亩包括种子、化肥、浇地、打药、收割等一年开支781元。每亩良种补贴10元、农业税补贴103元。一亩地的小麦和玉米加一起，一年纯收入超过1 900元，14亩地纯收入就是2.6万元。两个孩子在外打工一年挣6万元。种粮收入占家庭年收入的30%。

“农活都是俺们自己干，没有成本，加上今年粮食大丰收，收入就高一点。”李计堂对记者说。李计堂的耕地在滑县高产创建示范区，比其他地块亩产量高200斤左右，收入也相对高一点。

2014年滑县共建立了15个高产创建万亩方，小麦单产达1 297.6斤，辐射和带动了全县夏粮增产。但对个体种粮农民来说，增收的不确定因素很多，如粮食产量和价格、农资价格等。

滑县人均耕地1.5亩左右，对于一个五口人的家庭，一年粮食收入才一万多元，这是造成青年农民不愿种粮、外出打工的主要原因。

黄国兴是滑县名人，由于在粮食生产上的贡献，2008年成为奥运火炬手。2009年，黄国兴牵头成立了滑县国兴农业服务农民专业合作社，151户农民入社，耕地1 000亩。入社会员是半托管形式，合作社主要是为会员提供从种到收的科技服务，统一供种、耕种、打药、浇水、机收、销售。

“除技术服务免费外，其他都是以成本价向农户收取费用，机收会员价每亩35元，对外机收每亩45元，这样就减少了农户的种粮开支。”黄国兴向记者介绍合作社时说。据黄国兴算账，由于统一购买农药化肥，量大价格就便宜，综合算下来，每亩地能为会员节省开支150元。

2014年小麦长势好、技术服务和管理到位，每亩小麦产量达1 200斤左右，增产逾200斤，玉米没有特殊自然灾害，一般能增产150斤，入社会员每亩增收400元。

增收和节支统算下来，农户一亩地一年多收入500元左右，1 000亩地增收超过50万元。

从种粮农户、大户、合作社收入情况看，粮食收益受农资价格、粮食价格、人工成本影响很大，要想保证粮食安全生产，必须鼓励农民将土地向种粮大户、合作社流转。这样一方面粮食产量和农民种粮收益没减少，另一方面也节省了成本开支，减少了重复投资。

“建议加大高标准粮田建设力度，增加农业投入，稳定粮食产量，提高粮食单产效益；加大对种粮农民的补贴力度，调动农民的种粮积极性。”滑县农业局负责人接受记者采访时说。

如何破解农业生产成本攀升、国内外主要农产品价格倒挂的“双重挤压”？如何突破农业资源要素的弦绷得越来越紧，生态环境承载力越来越接近极限的“双重约束”？唯一出路就是加快转变农业发展方式。2015年中央一号文件是中央连续第12年发布以“三农”为主题的一号文件，这凸显了经济新常态下中央对农业农村工作一如既往的重视，再次鼓舞了全社会对“三农”工作更上一层楼的热情与期望。

靠土地流转成为全国种粮大户

2014年1月。李玉修，南和县闫里乡北庄村人，年过六旬，种田1 100亩，2013年产粮121万公斤，被农业部评为全国种粮大户。

这个“国家级称号”的背后，又有着怎样的故事？

“大家都称他‘老倔头’！”市农业局干部路随增向记者介绍说，要想读懂这个“老倔头”，最好到南和看看。

记者眼前的李玉修，头发花白，脸上布满皱纹，鼻梁上架一副老花镜，背微驼，脚下是一双纳底鞋——实在是再普通不过的一个农村老汉。

李玉修高中毕业后在生产队当过会计，卖过种子，后来还当过二十多年信贷员。2005年，全省的农村信用社基层代办站统一被取消，李玉修的信贷员身份从此结束了。李玉修没有过多考虑就选择了回乡种地。用他的话说，干啥也没有回到家里种地踏实、稳当。“这粮食可是农民的命根子！”

村里的年轻人大部分都进城打工了，种地的不是老人就是女人，青壮年占不到三成！李玉修时常陷入沉思。种粮效益低，风险大，留在农村的人年龄老化……

“种粮就没有前途了吗？”“明天，谁来种粮？”这些担忧在他心里久久挥之不去。

咋才能让农业有奔头？咋侍弄土地才能富起来？

一个偶然的机会，他从报纸上看到了一个新名词——“土地流转”，这让他纠结了几年的心瞬间舒展开来。“把各家土地整合起来一起种，成本大大减少，靠规模出效益，这不正是种粮的出路吗？”这个消息就像给他注射了一支兴奋剂，李玉修憋足了劲跃跃欲试。他决意拿出几十年为数不多的积蓄，把别人不愿种的地承租过来，大干一场。

“都说种粮种不出啥名堂，俺偏要试试看。”李玉修开始了“二次创业”。

从2007年到如今，短短几年间，李玉修手里的土地就达到1 100亩。土地流转后的效益也迅速显现出来，2013年，1 100亩土地粮食总产量达到121万公斤，一家的年收入也由六年前几千元增加到如今的超过150万元。

种粮就是要靠规模效益，这在越来越多的农民中达成了共识。在李玉修的带领下，周边的大户也在逐渐地增加。仅北庄村25亩以上的种粮大户就达13户，该村也成了远近闻名的种粮大户示范村。

李玉修说，现在流转土地还享受很多优惠政策，农业部门给予的技术支持，农业财产险的保障，还有多种补贴，这些都让大户们吃下了定心丸。

如今，李玉修的“庄园”已有了现代化的模样。

大型拖拉机、喷雾剂、播种机、播肥机、收割机、脱粒机、秸秆还田机……李玉修先后拿出150万元添置了现代化农业设备，一千多亩土地从种到收的每一步工序都能得到保证。

“来我们这里种地是挣工资的，他们可不是以往的农民，而是农业工人。”李玉修介绍道，“以往这些地，少说也要一百多人忙乎，现在全部机械化，农忙的时候只需要30个左右的工人，有专门的施肥工、浇地工……统统按照工种分。平时田里只需要三五个人查看庄稼是否有病害，田地是否缺水缺肥。”

2009年，李玉修牵头集合周边600家农户成立了农民合作社。“农业要发展，技术支撑是关键！”2013年，合作社成立了科学研究所，进行种子繁育、研发和新品种培育。研究所的技术员中，研究生以上学历的有3名，本科学历的有8名，高学历人员占整个研究所技术人员的近一半。

“在传统粮食种植上，只有增加科技含量，延伸产业链条，融入现代管理模式，才能收获一个又一个惊喜。”李玉修若有所思地说，“现代农业，咱们其实才刚刚起步。”

平南三位全国种粮大户的“种粮经”

2013年4月，“和为贵、诚为本、干为先”的贵港精神在社会上引起广泛关注和热议。记者走访了贵港市平南县三位种粮大户，他们对贵港精神深表认同，尤其对“实干兴业”深有体会。

“种一年田，不如打一个月工。”受这种浮躁观念的影响，当前在农村，由于认为种田不赚钱，不少人纷纷往外跑，留下来的多为老、弱、妇、孺等非主要劳动力。然而，也有一些从农村跑出去的青壮年人，审时度势，重返农田，重操旧业，红红火火地赚起了种粮钱。荣获2012年度“全国种粮大户”称号的梁富斌、梁天银、戴史东就是其中的代表。

他们如何赚种粮钱？各自有什么法宝？带着这些疑问，《贵港日报》记者踏上了前往广西壮族自治区贵港市平南县的路途。

梁富斌：把握三个基本条件

梁富斌是上渡镇大成村人。2012年，他承包土地1 270亩种植水稻，当年早造平均亩产850斤，晚造平均亩产1 000斤，两造粮食总产量近1 175吨，除去地租等成本，纯收入130万元（包括补贴），由此获得2012年度“全国种粮大户”称号。2013年，他进一步扩大了种粮面积，承包土地超过1 300亩。

今年50岁的梁富斌原来是一名教师，之后进入政府部门工作，后又下海经商，从事旅游行业，赚到了人生的第一桶金。2009年，在承包县农业专业化统防统治时，他看到由于年轻人外出打工，许多农田荒废，随即萌生了租地种粮的念头。

第一年，梁富斌租了五六十亩地种水稻。由于没有经验，连什么时候育秧、种子发芽到什么程度可以播种等最基本的常识，梁富斌都要请人手把手地教，因此，一年下来，收成不多，赚钱就更谈不上。“种田，比想象中要难得多！”梁富斌慨叹。

虽然第一年不赚钱，但梁富斌对种粮产生了浓厚的兴趣，“如果我把更多的心思放到种田上，把田种得更好，是不是就能赚钱？”怀着这一想法，第二年，梁富斌把租地面积扩大到一百多亩，结果当年就有了盈利。尝到了甜头后，梁富斌种田的欲望一发而不可收，租地面积由数百亩扩展到上千亩，年收入也随着种田数量的增加而增长。

“其实也没有什么奥秘。”谈起自己的“种粮经”，梁富斌认为，要想从土地上赚到钱，三个条件必不可少：

第一，土地要多，至少要连片100亩以上。“这样有利于连片管理，机械化耕作，减少人工费等成本。”梁富斌给记者算了一笔经济账，一般种1亩地成本在1 000元左右，要想赚钱，每亩地产粮必须在850斤（优质谷）到1 000斤（超级稻）以上；按照2012年的市场价，优质谷每100斤卖150元，1亩地总收入1 275元，除去成本，1亩地纯收入275元（早造）。“要想赚大钱，就必须在数量上取胜。”

第二，科学管理。“传统种田那是看天吃饭，老天冒个火，打个喷嚏，种田都很受伤。”梁富斌笑言，“现代化种田，不讲科学肯定行不通。”这些年来，梁富斌通过农业植保部门获取病虫害防治信息，利用县里的统防统治队，及早预防，对症下药，避免了以往单打独斗，见子打子，没有形成连片、系统治理，用药量过多、浪费、效果差等现象。“有了这一条，亩产量就出来了。”

第三，全程机械化作业。2012年，梁富斌种植1 270亩水稻，从土地犁耙到插秧、管理，再到最后的收割、烘干，全程机械化。梁富斌认为，如果没有机械化耕作，要想赚钱，谈何容易。以插秧为例，人工插秧，每人每天最多能够插1亩地，费用80元；用机械插秧，每天可以插13至15亩，每亩花费50元；仅此一项，机械插秧每亩就可以节约30元，效率还大大提高了。“抛开人工插秧费用大、效率低不说，1 270亩地，如今在农村，你去哪里找得到那么多农民来插秧？没有机械化作业，大面积种粮根本无从谈起。”

梁天银：种粮种到国外去

再过十多天，56岁的梁天银就要到老挝种粮去了。

这段时间，梁天银正忙着购买2辆中拖、5台耙耕机和20台插秧机，还亲手物色了12名农业技术人员。“老挝那边是5月份插秧，所以我们打算4月底就过去，现在是万事俱备，只欠东风了。”梁天银笑着跟记者说。

梁天银是平南镇遥望村人，中等身材，脸膛儿被阳光晒得黝黑，很健谈，一看就是个精明能干的好把式。梁天银种粮种成了“状元”，这在平南乃至广西都是出了名的。2007至2011年，他连续5年荣获国务院、农业部表彰，被授予“全国十大粮食生产标兵”“全国种粮标兵”“全国售粮大户”等荣誉。2013年，他承包1 200亩水田种植水稻，全年粮食产量1 176吨，种粮收入138万元，获“全国种粮大户”称号。

一个农民在自家土地上种粮，靠勤劳和智慧成为“状元”，这似乎不足为奇；然而敢到国外去种粮，仅有勤劳和智慧还远远不够，更需要胆识、谋略和魄力，这也是新闻媒体热衷于报道梁天银的一个重要原因。

梁天银说，2014年7月，他应朋友的邀请，跟随农业部到老挝考察农业生产。这一考察，让他大喜过望："老挝土地宽阔、平整、肥沃，人烟稀少，耕作仍然停留在较为原始的方式上，水稻亩产也就是200至300斤；而且田租非常便宜，每公顷30元，相当于每亩2元，发展前景巨大。"这对于一直想扩大种粮规模的梁天银来说，无疑是天赐良机。

经过对接洽谈，老挝农业部无偿划拨50公顷耕地给梁天银建设粮食生产基地，以带动老挝农民科学种粮，期限30年。同时，梁天银注册了中海农业股份有限公司，注册资金100万元。

对于出国种粮，梁天银满怀信心。他说，出国种粮首先不能丢中国人的脸。他打算把老挝的种粮基地建设成为无农药残留、无公害的绿色有机大米基地，播种、灌溉、施肥、收割等全程机械化。老挝现在水稻种植亩产非常低，根据当地的土质、气候和水源等条件测算，基地建成后，粮食亩产量将达到老挝现在水平的4倍。

戴史东：种粮要看"市场脸"

记者见到戴史东时，他刚刚从外地考察回来。"按照去年的行情，今年要增加粮食的种植面积。"站在田埂上，这名年轻人胸有成竹地说。

"去年是什么行情？"

"粮食不得价，卖到最后，竟然没有客商来收购，许多农户的粮食还积压在仓库里呢，价贱伤农啊。去年不得价，大家今年势必减少种植，我就要多种了。"戴史东呵呵一笑。

《开着越野车去种田》——2010年《贵港日报》率先对戴史东的种粮事迹进行了报道。这名"70后"的农村打工仔是丹竹镇赤马村人，种田种怕的他曾经发誓一辈子不再种田。然而，2008年，他毅然回到家乡种田。与父辈不同的是，他曾前往美国农场考察学习，带回了国外先进的农业耕作技术和管理经验，建起数千亩优质稻和蔬菜种植基地，每天开着自己那辆银灰色的越野车巡田，俨然一名农场主。

2010至2011年，戴史东连续获得"全国种粮大户标兵"称号；2012年，他承包土地850亩种粮，全年产粮765吨，收入超过100万元，荣获"全国种粮大户"称号。此外，他还承包800亩土地，种植粉葛、香蕉和甘蔗，收益可观。

"农民种粮如何规避市场风险？"记者问道。

"种粮也像做企业一样，存在着资本核算问题，必须遵循市场经济规律。"戴史东说。

他向记者举了一个例子，2012年，市场上的粉葛种苗是免费的，但乏人问津，说明少人种植，于是他种植了280亩粉葛，结果净赚50万元；今年粉葛种苗卖到0.5至0.6元一株，大家都在抢着购买，证明粉葛种植量大，按照市场规律，你还敢大面积种植吗？因此，今年戴史东把粉葛种植面积减少到100亩。“这就是看‘市场脸’种田。”戴史东说。

“同样道理，去年粮食价贱，今年大家势必不敢大面积种植，那我就要反其道而行了。”趁着有人不敢大面积种粮的机遇，戴史东又从农民手中租了100多亩地，2013年把种粮面积增加到1 000亩。

“要了解市场规律，就要时时密切关注市场动态。”戴史东说，除了打理好农田，平时自己的时间全部用来对市场进行调研、分析，及时掌握信息。在接受记者采访前，他刚刚从桂林、湛江、藤县等地调研粉葛种苗市场回来，正是基于对市场的调研，他及时调整了2013年的种地规划。

“同时，市场信息变幻莫测，作为一名农民，还要进行多种经营，通过多种经营，减少潜在的市场风险。”2012年，由于粮食价贱，戴史东的种粮收支基本持平，但由于有粉葛、甘蔗、香蕉等经济作物补充，一年下来，整体上还是净赚了75万元。

山东种粮大户谈耕地质量

“耕子孙田，让子孙无地可种，不能再这么折腾下去了！今年的中央一号文件像一场及时雨，滋润了咱大户的心。”山东高密种粮大户王翠芬说。

2015年2月1日，中央一号文件正式发布，连续第12年聚焦“三农”。文件提出，在转变农业发展方式上寻求新突破，围绕建设现代农业，加快转变农业发展方式。必须尽快从主要追求产量和依赖资源消耗的粗放经营转到数量质量效益并重……

从1997年开始流转村民的土地开始，王翠芬作为“大户”，种地已经快20年了，种植面积超过3 700亩。“这些年产量一年上一个台阶，但最近这两年地越种越硬，土地出现了板结。（要多产粮）只能靠施用更多的化肥。但我明白，这不是长久之计。”

经历两年的土壤板结、地力下降后，2014年，在当地政府的项目帮助下，王翠芬开始施用有机肥。"一袋有机肥30块钱，我只用拿七八块钱，用过之后果然地力不减，也不见板结了，成本也下来了。"

这位和土地结下深厚情谊的农村妇女，言谈中透出对每一寸土地的珍惜。每天清晨5点，她都会准时来到田间地头，闻闻泥土的清香。"咱当然想产更多的麦子，但土地不给力。你只有好好对待它，它才会更好地回报你。"

事实上，耕地质量下降、农药化肥过量施用在全国多地都不同程度存在。

以化肥过量施用问题为例，山东年折纯化肥施用量约占全国化肥施用量的8%，利用率却只有30%左右，仅为发达国家水平的一半；亩平均化肥用量27.2公斤，比世界平均用量高19.2公斤。"这组数据令人沮丧。"一位基层农业干部坦言。

在蔬菜之乡寿光，日光温室蔬菜种植面积已超过80万亩。该市针对过量施用化肥导致的土壤板结及次生盐渍化现象，于2010年启动寿光蔬菜"沃土计划"，依托科技科学施肥，推广生物菌肥改良土壤，激发土壤活力。寿光不仅拿出财政资金用于土壤改良新技术的示范推广，还对购买生物菌肥的农户提供补贴。

山东已在省级范围给土地"开方治病"。2014年年底，山东下发《山东省耕地质量提升规划（2014—2020）》。山东省农业厅生态农业处处长冷彩凌表示，山东2014年9月已在寿光、荣成等五个县区先行开展了耕地质量提升试点，旨在提高农业可持续发展能力，努力实现耕地生产能力的持续增强。

山东省农业厅厅长王金宝表示，"耕子孙田，种当季粮"不可持续，山东将组织实施土壤改良修复、农药残留治理、地膜污染防治、秸秆综合利用、畜禽粪便治理、重金属污染修复六项工程，推广应用水肥一体化，农药减量控害，降解地膜推广，秸秆生物反应堆，养殖场沼气建设，重金属化学钝化等新技术、新模式，努力实现耕地生产能力的持续增强。

对未来，王翠芬充满信心，并期望尽快享受到"耕地质量提升"所带来的福利。"'一号文件'提出要'实施耕地质量保护与提升行动'，说明我的做法是对的"。

事实上，在转变农业发展方式上，王翠芬已走在前面。这几年，王翠芬针对水资源短缺问题，购买了13台节水、节能、高效的喷灌设备。"俺一直在想，设备、人工可以加钱买到，水资源没了，加多少钱也买不到了。节水不仅是为自己，也是为后代。"王翠芬说。

内蒙古20万农牧民畅游网络

“畜牧养殖、病虫害防治、牛羊肉价格、市场动态，这些信息我们农牧民太需要了……”巴雅尔是内蒙古锡林郭勒盟西乌珠穆沁旗牧区信息服务中心主任，他是内蒙古图书馆启动实施“数字文化走进蒙古包”工程后的第一批受益者。

内蒙古东西跨度长达4 200公里，有1 000万农牧民生活的地方远离城市。这些区域网络覆盖面少，几乎没有获取网络信息和网络知识的途径。为了扭转农牧民数字信息资源匮乏的状况，从2012年8月开始，内蒙古图书馆启动并实施了“数字文化走进蒙古包”工程，通过建立一级数字加油站（乡镇、苏木），二级数字加油站（村、嘎查），移动便携式加油站（分散的游牧点），充分利用无线WiFi技术以及智能手机、平板电脑、笔记本电脑等移动终端，为边疆偏远地区无网络覆盖的农牧民提供24小时不间断的数字文化信息资源服务。

数字加油站一般设在牧民的蒙古包里。54岁的巴图斯楞家位于达茂旗吉忽伦图嘎查的中心地带，他家的蒙古包就是一个移动数字加油站。巴图斯楞说：“移动数字加油站是去年在我家建成的，可以覆盖到整个嘎查的300多户700多牧民。现在我们牧民用的基本都是智能手机，而且市里还给我们发放了免费的牧民体验机，可以免费上网、看电影，文化生活一下子丰富了。”加油站为农牧民提供蒙汉双语资源，并且针对服务区域群体特点的资源需求进行个性化定制，以“缺什么、补什么，喜欢什么、推送什么”为原则，通过“定向式”和“订单式”推送、回传资源，满足基层农牧民数字文化资源的需求。

据了解，截至2014年，该工程已在内蒙古8个盟市中的17个旗县开展试点工作，服务地域面积达11万平方公里，累计服务农牧民超过20万人。

种粮大户的新打算

2015年1月5日，全国种粮大户、湖北省襄阳市襄州区旭日阳光粮食种植合作社理事长李功成向记者介绍，他们与谷城石花、五山两镇交界的4个村达成了流转超过5 000亩土地的意向，拟定在此筹建合作社分社，建设农业高产示范基地。

李功成是襄州区现代农业发展的带头人之一，自2005年开始，他的粮食种植面积保持在6 000亩以上，年产粮食逾4 000吨，是远近闻名的种粮大户。从2011年开始，他又在襄州区石桥、龙王等乡镇流转土地超过4 000亩，利用当地土质、水质好的特点，连片种植水稻、小麦、花生、黄豆等粮食作物，并全部推广优质品种，采取全程机械化的生产方式，既提高了粮食产量，又降低了生产成本，粮食单产远高于当地农民。

经营中，他投资80多万元购置了7台大型拖拉机、2台联合收割机、5台“旋耕播种施肥一体机”、6台农用运输车和20多台（套）农机具，建成了初具规模的家庭农场。家庭农场的诞生和科学化、规范化的种植模式，对当地农民产生了引导作用，影响了襄州区所有种粮大户。

2014年，他又投资400多万元建起一个日烘干粮食200吨的粮食烘干厂，并成立了襄州区旭日阳光粮食种植专业合作社，服务面积达到4万多亩，直接服务当地3 000多农户，还创建了自己的优质大米品牌。目前，李功成拥有自己的技术队伍和各种专业人员36人，固定资产6 700多万元。

2015年年初，李功成又有了新的动作：他与襄阳正大和上海桑田公司合作，对方拟投资1 500万元，壮大合作社的规模，发展10万亩以上的粮食种植基地，种植无公害和有机粮食作物；同时，在种植水稻方面采用直播技术，目前已试验成功，2015年将进行大面积推广。

一个种粮大户的收获与期盼

陈传国是山东省威海市文登区界石镇的种粮大户和农机大户。他在界石镇张格庄村承包了逾900亩土地，从种到收实现了机械化作业，年收入达几十万元。2015年1月18日，《威海日报》记者走进陈传国家中。

又是一个丰收年

1月18日，离农历春节还有一个月的时间，正是农民一年中最清闲的日子。然而，文登区界石镇张格庄村种粮大户陈传国却没有闲着。

东边的山坡上，两台大型挖掘机正在紧张作业，将山坡上的小块土地平整成大块，便于机械化耕作。这是文登区的一个土地平整项目，作为这片土地的主人，陈传国每天都会来转两圈，看看土地整成啥样，盘算着开春的播种计划。“这片山地约有耕地80亩，通过土地平整大约能新增30亩耕地。”陈传国说，如果一年按一季小麦一季玉米播种，一年一亩耕地有3 000元收入，30亩一年下来就能增加9万元收入。

走进陈传国的大院，一座座玉米囤子映入眼帘。说起2014年一年的粮食收成，陈传国笑容满面地打开了话匣子。

“去年真是个丰收年啊，我种了750亩玉米，平均亩产1 200斤，而且价格也不错，我以每斤1.17元的高价把春玉米卖了。这些没脱粒的玉米只是其中的一小部分，附近仓库里还有十几吨脱粒的玉米，都是去年的秋玉米，打算今年开春再卖。”陈传国指着满院的玉米囤子说。

除了玉米，去年陈传国还种了大约390亩小麦，收了27万斤麦子，与当地国家粮食储备库达成协议，以政府最高保护价收购，毛收入超过30万元。

与小麦、玉米相比，花生的利润要高很多。自2013年解决了花生机械化收获的问题后，陈传国就加大了花生种植面积，去年他种植花生100余亩，纯收益达13万元。

在算账的同时，陈传国一直在感叹，之所以有这样的收成，除了天时，更应归功于国家给力的惠农补贴政策。“小麦每亩有125元的综合直补，同时小麦、玉米、花生还有农业保险，为我们种粮大户节约了大量的生产成本，减少了风险损失。”陈传国说。

规模化耕种必须实现机械化生产与管理，才能节约成本，增加收入，陈传国对此深信不疑。因此，他不仅是种粮大户，还是有名的农机大户。在陈传国的大院仓库里，玉米收获机、小麦播种机、小麦收割机、花生收割机、烘干机等大小各类机械摆了20多台。“我购置这些农机花费了大约70余万元，多亏国家出台农机购置补贴政策，为我节省了很多成本。”陈传国说，以去年购置的5台烘干机为例，购机补贴达到19.5万元。

陈传国还牵头成立了农机合作社，目前已有64户农机大户加入，总马力超过5 000马力。

有了先进的生产设备，陈传国的900多亩土地，不论种植小麦、玉米还是花生，基本上都实现了播、种、收以及管理的机械化，常年用工量只有7至8人。“与农民自己种地的成本相比，我的种植成本要低很多。”陈传国说，如今，粮食生产只有实现规模化种植才能见效益。

以土地为媒，抱团闯市场

说起2015年的打算，陈传国有更多的想法和思考，而不仅仅是看管好900多亩土地的庄稼。“到外地考察后发现，农村土地可以走托管道路，在提高土地收益的同时，还能解放农村劳动力。”陈传国若有所思地说，规模化的土地托管有利于实现土地的集约化经营，便于机械化耕作及现代化的农业生产管理，符合中央制定的土地流转政策。

陈传国说，土地托管需要当地政府给予支持，依托农机合作社，与附近村庄农民达成一定协议，开展土地托管、半托管业务，每年农民根据意愿可以要粮食或现金。

陈传国打算过后年就开始行动。而2015年年初，53岁的陈传国还在酝酿着另一件大事——联合文登区的几十个种粮大户成立粮油合作社。“单个种粮大户的力量还是有限的，我想通过成立一个组织，建立一个沟通交流学习的平台，通过资源共享，实现农资采购、生产管理一体化，让成本进一步降低，收益不断增长。”陈传国自信地说。

灌区+协会+用水户：新型灌溉管理模式给农田“解渴”

陈传国：2014年春天，威海市大片农田出现旱情，及时进行有效灌溉很重要。目前，威海市在农田水利基本配套方面情况怎么样？

针对种粮大户的疑问，威海市水利局有关负责人这样解答：自2009年小型农田水利重点县建设启动以来，文登区、荣成市、乳山市全面启动农田水利建设。文登区2014年度小型农田水利重点县建设项目总投资2 784万元，计划改造小型灌区2处，新建高效节水灌溉工程2处，改造塘坝10座，新建拦河坝2座，新建、改造泵站14座、平塘6座；整修衬砌渠道15.4千米，配套建筑物137处，配套墒情测点2处，风光电互补提水工程1处；铺设管道10.5千米，并全面推行“灌区+协会+用水户”的新型灌溉管理模式。具体实施中，按照计划分步连片推进。

粮食晾晒是个大问题

记者：您说去年收成不错，还有不尽如人意的地方吗？

陈传国：粮食丰收了是好事，就是晾晒成了问题。几百亩的粮食如果晾晒不好，质量不能保证，价格就上不去，到时亏损会很严重，这一年就白忙活了。

记者：每年因为晾晒和储存问题大约会损失多少粮食？

陈传国：之前上级部门也来统计过，我保守估算着每年因晾晒或储备问题造成的粮食损失在5%左右。

记者：那您怎么解决这个问题呢？

陈传国：我开始先投入近20万元对场院进行硬化，用于晾晒粮食。但场地不够大，只能晾晒50亩地的花生，要是遇上阴雨天气就更没辙了。我出去参观学习，发现他们使用烘干机来烘干，2009年就果断花7万多元买了一台柴油烘干机。

记者：达到预期的效果了吗？

陈传国：我们还是经验不足，使用过程中发现，这个烘干机耗油太大，使用成本高，效率却不高，用了一年后就搁置在那不用了。去年买了5台烧煤的烘干机，只用了一台，速度有点慢，感觉效果还不错。

记者：5台烘干机要花很多钱吧？有没有政府补贴？

陈传国：这5台烘干机政府补贴了19.5万元，为我减轻了不少资金压力。

记者：在多地走访学习后，你了解到外地有哪些好的方法和探索，你想给政府部门哪些建议？

陈传国：按理说，80吨至100吨的带有锅炉的烘干塔设备比较适合我，但是费用太高，负担不起。希望政府部门加大扶持力度，帮助种粮大户推广烘干设备应用。

集约经营才是王道

在种粮大户们看来，种田也能干出一番大事业。除了辛勤耕耘外，更得益于有国家的惠农政策撑腰，化解了以往种田靠天吃饭的风险；有农机帮忙，使大面积、规模化耕种成为现实。

2015年是陈传国经营土地的第15个年头。近年来，他一直在寻求突破或者说转型。为提高机械化水平，他投入大量资金平整土地，购买各种先进的农机设备，并牵头成立农机合作社，实现由单纯的种植粮食向农机社会化服务方向转变。

随着农村劳动力的减少和农民老龄化加剧，农村土地耕种成为问题。陈传国开始思考土地托管这一经营模式，盘活有可能遭到闲置的土地资源。同时，陈传国打算联合当地种粮大户，一起闯市场，在农资采购、卖粮等方面争取更多的话语权。

种粮大户谋求自身转型，顺应了农村土地集约经营的趋势和要求。对农业部门来说，就要转变作风，深入田间地头，了解种粮大户的所需所想所盼，把政策、技术和最新的信息及时送给种粮大户。

种粮大户对2015年中央一号文件的田间解读

2015年2月1日，中央一号文件《关于加大改革创新力度加快农业现代化建设的若干意见》正式公布。这是自2004年起，中央一号文件连续第12年聚焦“三农”问题。这份被视为种粮方向标的文件，第一时间在兰溪田间地头引起热议。

这份文件，通过手机传递到了浙江省兰溪市上华街道种粮大户严晓露手中。严晓露今年28岁，是兰溪“种粮状元”严柏清的儿子，2012年放弃高薪工作，回家接过父亲的班，做起了职业农民。

稳粮依旧是首要目标

2015年中央一号文件全文12 000字，严晓露已经在手机上逐字逐句地“刷”了不下两遍。

“文件提到了三个‘要’、三个‘必须’，非常振奋人心。”严晓露说，文件指出，中国要强，农民必须强；中国要富，农民必须富；中国要美，农村必须美。“这不正是基层农民最强烈的心声吗？”严晓露说，2015年的中央一号文件让人感觉很“走心”。

严晓露的种粮基地面积约700亩，2014年共向国家交售粮食120吨。在严晓露的打理下，基地机械设备总资产已达120万元。今年，他还想再流转100亩土地，扩大早稻种植面积，轮作小萝卜，连作晚稻等粮食。

2015年的一号文件中仍然把建设现代农业，不断增强粮食生产能力放在首位。“文件要求各级党委和政府切实防止出现放松农业的倾向，努力保持农业农村持续向好的局面。”严晓露说，这些年来，政府扶持是稳粮的最大“强心剂”。他粗粗地算了一笔账：从粮油直补、农机补贴，到配方肥补贴、机插秧育秧补贴，名目十多种，算下来种一亩田的政策补贴平均近400元。“如果没有这些补贴，大规模种粮只会亏本。”

科学种粮不能只是口号

文件指出，必须尽快从粗放经营转到数量质量效益并重、注重提高竞争力、注重农业科技创新、注重可持续的集约发展上来，走产出高效、产品安全、资源节约、环境友好的现代农业发展之路。

不仅种粮规模大，严晓露还是兰溪科技型农民的代表之一，稻鱼共生、水稻高产创建、全程机械化……一大批科技项目在他的基地里都能找到。

严晓露说，现在种田光有决心力气没有科学头脑不行了，父亲的短板他来补上。采访中，严晓露的嘴边经常挂着“科学种粮”一词。文件也提出，要健全农业科技创新的激励机制，推动农业科技在关键领域取得突破。

“去年基地遭遇了大面积的稻飞虱虫害，还遇到了台风、洪水等自然灾害，一下就损失了15万元。”严晓露认为，粮食生产的科技手段仍旧薄弱，他为此下定决心，2015年一定要采取生态绿色防控措施，继续提高田间管理水平。

农村一二三产业融合发展

文件提出，要推进农村一二三产业融合发展。增加农民收入，必须延长农业产业链，提高农业附加值。积极开发农业多种功能，挖掘乡村生态休闲、旅游观光、文化教育价值。加大对乡村旅游休闲基础设施建设的投入，增强线上线下营销能力，提高管理水平和服务质量。

文件传递出的新亮点让严晓露也动了心。“种粮基地能打造成旅游基地吗？”严晓露觉得，基地空间开阔，阡陌纵横，农作物四季轮换，也不失为旅游观光的好资源。“让游客在农忙季节体验劳动的乐趣，或者认领责任田，自己打理自己收获，享受田园风光。”严晓露大胆地猜测，如果把基地打造成农业观光园，没准还真有市场。

兰溪市农业局初步统计，2014年全市农业经济生产总值为43.72亿元，增幅3.6%；农村居民人均纯收入12 079元，增长11%。随着农业“两区”建设的推进，农业产业转型升级步伐进一步加快，2014年实现招商引资5.93亿元，新增设施农业逾3 500亩，产业融合发展效益逐步显现。

种粮大户不再为晾晒稻谷而犯愁

农业生产经营的主体由过去分散的单个农户逐步转向农民合作社、家庭农场、农业企业和种粮大户。水稻集中收割带来的晒谷难，引起了上海浦东新区万祥镇党委、镇政府的高度重视，近年来他们按照农业生产的发展需要投资建设室内“晒谷场”——粮食烘干设备，由此缓解了当地粮食生产者稻谷晾晒难的矛盾。这是2015年2月2日《东方城乡报》刊发的报道。

据了解，水稻收割后含水量很高，水分大、杂质多容易使稻谷发热霉变，不宜越冬储藏。水分高于24%的稻谷，必须于10个小时内抢先干燥，否则易变质、变黄。万祥镇党委、镇政府于2012年及时投建3台12吨粮食烘干机，解决了专业合作社自己收割的稻谷和周边合作社及种粮大户收割的稻谷晾晒难的问题。2014年，新振村尹民果蔬专业合作社投资建设安装1台12吨粮食烘干机；2015年，全镇又计划投入138万元，安装6台12吨、2台30吨粮食烘干机，总装容量132吨，可再解决5 000多亩水稻收割后稻谷烘干需求，成为万祥镇粮食（稻谷）烘干中心。从此，新振村将告别世世代代露天翻晒稻谷的历史，为万祥镇家庭农场创建与发展提供保障。

过去，人工晒稻谷只有靠晴天翻晒干燥，并且需要大量的场地和人力成本，晒出来的稻谷碎米率较高，米质也不够好，遇到阴雨天就只能干着急。2011年，万兴村馨曦果蔬专业合作社，由于水稻收割后晒在当地公路上，影响了周边百姓的出行，加上连续降雨，造成稻谷发芽霉烂。粮食烘干机可以快速高效干燥稻谷中的水分，经过加工后的稻谷可以直接入库储藏，而且避免了人工晾晒所带来的二次污染，碾出的米品质更优，售价也更高。据了解，用粮食烘干机烘干稻谷，每吨加工成本约三四十元；如果人工晒干稻谷，每吨至少需要两个工人翻晒两日，每日每人需要支付费用80元，并且场地、天气等因素还会制约稻谷的品质。

绥化市新型主体成种粮“大力士”

2014年12月10日《农民日报》报道，黑龙江省绥化市大力发展新型农业经营组织，通过大合作促进土地流转，目前，全市新型经营主体达到5.5万余个，带动土地流转1 739万亩，占耕地面积的60.6%；实现200亩以上土地规模经营总面积1 877万亩，占耕地面积的65.36%。

绥化市兰西县光辉水稻种植专业合作社2014年种了3万亩有机水稻，全部获得丰收，比上一年每亩增产50多斤。这么好的收成让带地加入合作社的800余户农民欣喜不已，而理事长邹晓辉却并不满足于仅靠增产带来的收益。2013年合作社生产的“河顺牌”大米就已通过了国家质检总局QS质量认证和国家有机米认证中心认证，颇受消费者欢迎，但由于产量有限，效益并不明显。最近，邹晓辉多方筹措资金，注册成立了黑龙江省安澜湖农业发展有限公司，对合作社种植的有机水稻全部进行精深加工，让“河顺”品牌走向更广阔的市场。社员高洪亮预计今年要比往年多收入5 000多元。

光辉水稻种植专业合作社是绥化市新型农业经营组织的一个缩影，作为耕地面积逾2 800万亩的农业大市，这里一度面临农业生产效益低、务农劳动力素质下降、农民种地积极性不高等难题的困扰。近年来，绥化市大力发展新型农业经营组织，通过大合作促进土地流转，从而把分散的农户组织起来，把分散的作业统一起来，把分散的经营联合起来，为大农机、大科技、大水利的使用创造了条件。同时绥化市加速培养像邹晓辉一样有文化、懂技术、会经营的新型职业农民，有效破解了“谁来种地”“谁能种好地”的难题。

绥化市各地对新型农业经营主体普遍实施激励性政策，肇东市探索出了“农金”“联保”“助业”“双结合”“合作”五种农业信贷模式，庆安县成立了农村土地经营权流转服务中心，海伦市把新增农业政策性项目资金重点向专业合作社、家庭农场、种粮大户倾斜，这些政策和措施为新型农业经营主体健康快速发展提供了有力保障。

全国种粮大户杜卫远：中央一号文件让俺干劲更足了

2015年2月2日，天气寒冷，但河南省周口市商水县发达高产种植专业合作社的多媒体教室里却暖意融融，一百多名合作社员正在农大教授王永华主讲的小麦高产技术培训班里上课。王永华教授是应商水县发达高产种植专业合作社理事长、全国种粮大户杜卫远邀请来举办小麦高产技术培训班的。

在培训班现场，杜卫远说：“看完今年的中央一号文件后，俺发展合作社的信心更足了。中央一号文件中说，要让农业强、农民富、农村美，要重点支持为农户提供代耕代收、统防统治、烘干储藏等服务，这些都是与我们合作社的发展息息相关的。看了一号文件后，俺干劲更足了！”

据了解，目前，杜卫远的合作社共托管土地10 100亩，流转土地600亩，购买深松机、收割机等大、中、小型机械20部（台），建设大型粮仓3座，多媒体教学楼1座，发展社员460户，还成立了机防队、机收队；实行代耕、代种、代管、代收，而且，所托管的土地都种植小麦原种，社员每斤小麦的售价比市场价高出0.15元，亩均增收160元。

2013年杜卫远获得“全国种粮大户”称号，他的发达高产合作社被周口市政府命名为示范合作社。2015年中央一号文件出台后，杜卫远的干劲更足了，他说，要确保粮食增产、农民增收，必须发展大型农机，必须有烘干机、大型仓库，下一步计划购买农用飞机、粮食烘干机，扩大土地托管规模，全力加快合作社的建设步伐，让合作社设施更齐全，机械装备更精良，经营管理更先进，服务更优良，从而带动更多的农民走上致富路。

中青年种粮者成为天府“农门”的生力军

2015年2月，四川省成都市农委进行了一次粮食适度规模经营情况调查，统计显示：2014年，成都市粮食适度规模经营面积增长至近40万亩，同比增长幅度超过80%。值得一提的是，调查组对粮食经营面积在50亩以上的810户规模种粮主体进行统计后发现：年龄在45岁以下的中青年种粮者占一半以上。

与父辈相比，这些正当壮年或正值盛年的种粮人有着怎样的新思路？呈现出怎样的生产经营特点？深冬时节，《农民日报》记者走进成都下属的新津县、新都区、崇州市、邛崃市四个产粮大县，探访多位中青年种粮大户，寻找答案。

“农门”锦绣种粮也是大事业

寒窗十载，金榜题名，远离乡土——这样的人生轨迹是父辈对孩子最大的期望。然而，崇州市农业职业经理人王志全最近却在给上大学的女儿做“思想工作”，希望女儿到村里的合作社实习，学习怎么种粮。

从进城闯荡到回乡种粮，再到劝女从农，40出头的王志全与土地越走越近，如今已经是三个土地股份合作社的农业职业经理人，管理着近3 000亩土地。

“三年前抹不开情面应承下来当村里合作社的职业经理人时，并不指望种地能挣钱。”王志全说，一开始，村民观望情绪很浓，入社土地只有82亩，而且很分散，除去给社员的保底收入、人工、各项农资投入，能不赔本就不错了。

转机很快出现。2012年，成都市农委、财政局、粮食局三部门联合印发了《水稻规模种植补贴实施方案》，规定水稻规模种植面积在50亩以上的，由省市县三级财政分别补贴20元。2013年，成都市补贴标准大幅度提高，按照水稻种植面积的不同，分为四个档次进行补贴：其中最低每亩补贴100元，最高每亩补贴200元。

让王志全没想到的是，2014年1月，成都市出台一号文件加快推进粮食适度规模化经营，不仅进一步提高了补贴标准，补贴范围也由水稻扩展到水稻、小麦、玉米三大粮食作物。“加上省上100元/亩的粮食规模种植补贴，大春、小春两季政府补贴最高可达500元/亩。”王志全表示，这样的支持力度是以前想都不敢想的。2014年，算上二次分红，土地股份合作社的社员们每亩获得了850元的收益，远超过当初约定的保底收入。

“粮食价格有国家保护价兜底，市场风险小，再加上政府资金补贴，规模种粮效益稳定有保障。”三年多来，王志全种植的土地面积从82亩逐渐增加到近3 000亩，变得越来越忙的同时，他对种粮的看法也不一样了。“种粮是份大事业，若是有文化的下一代能接手，前景会更好。”王志全表示。

借力现代化，种粮也要使巧劲

田成方、土成型、渠成网、路相通、沟相连……规模种粮的补贴力度在增强，农田基础设施也发生了翻天覆地的变化。2014年，成都新建高标准农田超过15万亩，已累计建成高标准农田逾400万亩，占耕地面积的65%以上。“这不仅为粮食机械化生产提供了条件，也为吸引年轻一代回归乡土增加了筹码。”成都市农委总农艺师姚光贵表示。

邛崃市绿保家庭农场的当家人周江博称自己是“粮二代”。十年前，16岁的周江博进城打工。在乡下老家，勤劳本分的父母不断接手同村村民弃种的土地，几年下来已经接近百亩。2006年，经不住父母劝说，带着稍许的不甘，周江博回乡开始跟着父母种粮。

“耕地有旋耕机，插秧有插秧机，收割有收割机……”周江博逐渐发现，“面朝黄土背朝天”的传统耕作模式已经在改变。八年里，随着农机补贴政策的力度不断加大，周家以每年一台的速度购置农机，周江博也逐渐从打下手的“少掌柜”成长为“大当家”，而周爸爸则退居二线，只负责研究种粮技术。

农机数量的倍增让成都平原进入机械化种植时代。2014年，邛崃市机收水稻、小麦面积达到99%，就连机械化程度发展相对缓慢的插秧环节，同比增幅也高达97%。

“农机农艺融合难题一直是阻碍插秧环节实现机械化的主要原因。”姚光贵说，机插秧对秧苗要求较高，在传统育秧模式下，秧苗往往不能满足机插秧需求，导致掉窝等现象。为了鼓励种植户向工厂化育秧模式转型，2014年，成都出台相关政策，对符合规定的新建水稻、玉米工厂化集中育秧场给予50%的补贴。同年，成都新建育秧中心达28个。

除了积极向机插秧转型，2014年，王志全和周江博都完成了一件大事：在政府支持下，率先建起了烘储中心，解决了粮食晾晒仓储这一老大难问题。“这几年为晒粮吃够了苦头，晒场不好找，还要看老天爷脸色。”王志全感慨，有了烘储中心，种粮就更轻松了。据了解，这样的烘储中心2014年已在成都粮食主产区建设26

个，政府补贴建设资金占50%。

会种还得会卖，卖粮也要动脑筋

40岁出头的杨波在一般人看来算得上是“离经叛道”者。2012年，在某国有设计院担任工程师的杨波带着百余万元积蓄，毅然辞职回到妻子老家新津县新平镇宝墩村流转数百亩土地种粮。

“优质稻的亩产值是普通水稻的1.5倍，效益远高于普通水稻。”杨波表示，随着人们对食品安全不断重视，高品质的主粮需求将激增。杨波计划，下一步要将近千亩土地全部改种为优质稻。而且，杨波还早早申请了有机认证，目前已经进入转化期。

与杨波的高端定位发展路线不同，新都区稻松农机合作社理事长陈道松则更倾向于产业链的延伸发展。44岁陈道松的事业版图一直未离开过土地。1988年，20岁出头的陈道松用光积蓄入手第一台拖拉机，成为走南闯北的农机手。到如今，陈道松已经带领着一支一百多人的农机队伍，合作社所拥有农机总价值超过千万元。不仅如此，农机合作社的业务范围也逐渐拓展，合作社从单纯的农机服务者转变为种植者。“除去农机费用，种粮利润微薄，但却保证了农机业务的稳定。”陈道松道出其中玄机。

2014年，陈道松一边领头筹划建设粮食烘干中心，一边紧锣密鼓地筹建粮油加工厂。目前，日烘干量达200吨，一天可以解决500亩水稻烘干需求的粮食烘干中心已竣工投入使用，粮油加工生产线也已经就位，只待相关认证标准手续完善便可开工生产。

“从种植结构趋同到根据消费需求调整产业布局，从种植环节下功夫到在加工环节作尝试，正当青壮年的粮食规模经营主体视野越来越开阔，呈现出投入常态化、生产专业化、产业链条化三大特征。”姚光贵表示。

农民合作社篇

二维码晒出产供销全过程

“建立农产品二维码倒查机制，一方面可以让消费者监督生产者标准化生产的全过程，防止生产环节上的投机取巧行为，另一方面可以让消费者轻松分辨农产品的真伪，防止上当受骗，真正购买到品种好、质量优、吃着放心、用着安全的农产品。”2015年1月，广西农业厅谢泽宇的几句话道出了使用二维码标识的优势和带来的变化。

近年来，广西创新农产品质量安全的倒查机制，利用“二维码”晒出农产品产、供、销的全部过程，让消费者运用手机随时随地了解农产品标准化生产状况、倒查农产品生产质量的保障环节等，不仅确保了农产品质量的平稳发展，而且也促进了农产品生产规模的扩大。目前，全区获得“三品一标”认证的农产品有839个，认证产量达1 007.57万吨。

从一斤有机稻谷卖到12元看标准化生产

一斤有机稻谷能卖到12元，比普通稻谷价钱高出好几倍，这让许多消费者着实感到不可思议。然而，广西康华农业股份有限公司生产的有机稻谷价格的确就是这样高。缘何一斤有机稻谷如此昂贵？记者走进康华公司的标准化生产基地。

桂林市灵川县青狮潭镇江头村是康华公司主要生产有机稻的基地之一，拥有水稻种植面积逾3 000亩，其中通过有机种植环境认证的超过2 000亩。在基地记者看到，稻田里合理密布着全能杀虫平台、太阳能杀虫灯、虫情测报灯和小气候信息采集系统等。在基地指导生产的广西农科院教授罗群昌指着稻田说：“这种有机稻对水质、土壤、大气环境都要求非常严格，从选种育苗、生产资料使用、病虫害防控，以及稻谷的收割、烘干、储藏等，全部有操作规程、生产标准、规范化管理等。”

农产品的标准化生产，不单是要严格按照技术指令做事，还要做好全天每一项工作的明细记录，然后再录入电脑。在田阳县那坡镇下果屯的露美片区，壮乡河谷集团公司负责圣女果幼苗管理的员工杨锦清说："清早一上班，首先巡视苗情，灌溉浇水，使用生物药、生物肥等，都要根据苗情及时而定，而且每天必须写好生产日志，一直记录到果摘完送进车间包装为止。"

"农产品质量安全关系着人们的身体健康，关系着社会的和谐稳定，组织有机稻生产来不得半点虚伪和马虎。"康华公司董事长李艳如是说，"从2008年起步，经过6年的发展，目前康华公司已有13万亩基地，累计为社会提供优质稻谷40万吨。之所以能发展到今天，最主要的一条就是始终如一地坚持了生产的标准化。"

从一批产品带一份报告看检测手段

"先进的检测设备和精湛的检测技术是农产品质量安全的重要保障。"广西农业厅绿色食品办公室副主任李仕强说，"从田头到餐桌实行全程监控，建立完善的农产品质量安全检测中心，实现全区农产品市场准入和产地准出检测工作的正常化、规范化，这是一项既严格又繁重的'民心工程'。"

据了解，广西2012年以来，拨付食品安全专项资金3 540万元，成立乡镇农产品质量安全监管服务站1 150个，并全部配备了新的检测设备和交通工具；同时，还将乡镇农产品质量安全监管服务站检测数据与自治区、市、县检测机构联网，实现了自治区、市、县、乡四级检测数据即时报送、即时监控、即时汇总，形成了自检、抽检、总检层层严格把关的检测体系。

贺州市有无公害农产品12个，绿色食品4个，有机产品9个，无公害产品认定面积95万亩，是全国唯一全覆盖的地级市。贺州市农业局刘洪军说："贺州的农产品像富川的脐橙、蜜橘，昭平的茶叶等之所以能享誉国内外，主要就是检测制度严格，每一批农产品必须配有一份检测合格报告书，没有检测合格的报告通知，不得采收，不得上市，这已成为贺州农产品出口把关的铁手腕。"

配合检测体系的市场监管制度也是确保农产品质量安全的重要环节。从生产基地到销售市场，从加工企业到物流冷链，记者看到，广西的农产品全部实行了市场准入制度，没有贴标的不许上市，没有产地的不许流通，没有品牌的不许外销。

从一个水果贴一张标识看防伪效果

"消费者在市场上购买农产品，最担心的就是害怕花了钱买不到真货，因为只要某种农产品一旦创开品牌打开市场，就会有个别投机商造假冒充，赚取昧心钱，目前这种社会现象仍是屡见不鲜。"做了三十多年水果出口生意的广西杨氏鲜果有限公司总经理李锦灵介绍，要提防投机商，首先要做好产品定位，创好品牌，印美商标，为消费者提供可鉴别的标识，其次要选好营销渠道，最好做到从地头直供到柜台，这样既能保鲜又能防伪。

在广西杨氏鲜果有限公司的车间里，记者看到，大型的蜜橘筛选设备不停地运转。李锦灵介绍，这台筛选机是世界上比较先进的，它能把蜜橘大小和颜色分开，自动为每一个蜜橘贴上二维码标识，一个小时约筛选30吨左右。机器的下游就是包装封箱工序。李锦灵说，正在装箱的这批货是分别发往新加坡和泰国的，他边说边用手机现场演示，结果手机一照蜜橘上的二维码标识，随即显示出蜜橘的产地、生产标准、采摘时间，以及商标、品牌、包装、运输、销售客商等一整套的产品信息。

来到南宁市最大的华联超市，记者看到柜台上的火龙果、蜜橘、脐橙、葡萄、香蕉等新鲜绿色水果比比皆是。拿起每样水果观看，个个上面都贴有二维码标识。一位名叫张晓莉的市民顾客说：“富川的脐橙既有名又好吃，过去在集贸市场一听吆喝就买，结果有一次撞上假冒货，现在个个果品上有了二维码标识，随时随地用手机分辨鉴别，再也不用担心会上当受骗了。”

何培雄：搞发明也会上瘾

2010年6月，毕业于中国农业大学农业工程专业的何培雄来到黑龙江垦区红卫农场，本打算只是以“大学生青年志愿者”的身份待一段时间，可没承想，他却离不开这片黑土地了。短短几年间，他在水稻农机上就搞了4项发明，累计为农户节本增收近百万元；他还牵头成立了曲辰农机合作社，吸纳入社农机户160户。

何培雄的家乡在甘肃省张掖市。2006年，何培雄考取了中国农业大学农业工程系。2010年毕业后，他以大学生青年志愿者的身份来到红卫农场，成为第五管理区的一名技术员，而他的发明也是从那时开始的。

每到春天都是水稻抽水泡田季节，人必须全天候盯着电机井开关闸，费时费力。何培雄就想，何不发明一个能远程控制电机井的装置？从此，宿舍就变成了研发“实验室”。两个月后，当农户梁发拿着手机坐在家里遥控着自家的电机井开始抽水时，何培雄利用手机远程遥控电机井抽水的技术发明终于成功了。2012年5月，何培雄拿到了国家专利证书。随后，他免费为农场安装了74套设备，让更多种植户体验到高科技带来的便利。

2015年1月，手机无线电井遥控装置已在建三江管理局推广应用水田约540万亩、电井1.8万眼，每年可节约劳动成本2 700万元，节约电力资源165万千瓦时，节约水资源3 000万立方米。

何培雄没有因为一次成功而停止科研的脚步。他发现集中大棚育苗基地浇水、通风很大程度上还依赖人工。如何让全场七百余平方米的大棚育秧基地真正实现自动控制温度和湿度？何培雄开始了新的发明。经过二十多次实验，他终于成功开发出了基于物联网技术的水稻育秧大棚智能化管理系统。如果大棚内温度超过上限值，大棚两侧卷帘器自动打开棚；如果苗床干了，微喷便会自动喷水。此项技术推广后可使水稻每亩增产约10公斤，1 000万亩水稻可增产粮食约2亿斤，节约劳动力成本3 200万元。

2013年，何培雄投资16万元成立了曲辰农机合作社，和其他大学毕业生一起研发改进农机，为种植户提供指导服务。当年，何培雄和他的“小伙伴”们就开发了水田池埂轨道小车自动转弯系统和催芽棚箱体苫布自动收放设备。

合作社的业务主要是新技术研发、农机售后服务和农机培训。合作社与管理区建立长期合作，免费为社员开展农机知识培训，定期为大家答疑解惑，入社的农机户现已有160户。何培雄的目标是把曲辰农机合作社建成大农机的“4S”店。他将以实干、刻苦的精神，用科技改变传统的操作模式，带领着曲辰农机合作社创造出更大的成就，也必将在黑龙江垦区开启大学生创业致富的新篇章。

“90后”大学生用新媒体卖橙子

20元一个特级红江橙？是的，你没看错。这是广东湛江垦区红江农场“90后”大学生郑俊奇通过探索电商模式卖出去的价格。

2013年大学毕业后，郑俊奇没有按父母的意愿留在广州就业，而是去了农场，“爱”上了红江橙。他写微博，建微信，利用新媒体推介销售红江橙。“年轻人敢想敢干，只要放手去闯去搏，总能‘折腾’出点名堂的。”郑俊奇说。

长期以来，红江橙都是通过传统渠道搞批发销售，走不出去，价格也不高。2013年，郑俊奇开设了广东省红江农场淘宝店，开启了网络营销的探索之路。他通过微博、微信跟消费者交流，在网上讲述红江橙的品牌故事，用照片展示红江橙的“成长历程”。他还根据品相、大小和糖分测试，对红江橙品质严格分级，使红江橙迅速“蹿红”。

第一次发货，一个特级红江橙竟然卖到20元还断货。红江橙的品牌附加值迅速提升，市场销路一举打开，职工收入大幅提升。

电商运营初试成功，郑俊奇的“野心”更大了。

2014年，针对农场地处偏僻、邮寄橙子不便、出货量少的问题，郑俊奇联系顺丰速运公司，向他们讲述红江橙网售的发展前景和合作模式，希望他们能配备快递员上门收货，最终实现了与顺丰的合作。此举打破了物流短板，红江橙实现广东省内一天到达，全国两到三天内送达，切实提高了红江橙的品质。

橙子上市前，郑俊奇还尝试营销新策略，在网上开展红江橙预定，把握销售节奏。

郑俊奇回忆说，官方淘宝网店开店当年首次发货，短短两周时间，便卖出了4 000斤红江橙。无论是线下还是线上销售，红江橙都经过精挑细选，从果农采摘进行初步人工筛选后，经过卡尺测量、糖分测试，再到清洗、贴标签、装箱等七八道工序才能发货。销售按品质进行分级，均价在每斤20元，是传统市场销售价格的4倍。

为了让顾客更易于接受红江橙，郑俊奇又开设了微店，开通了微信支付。网络销售也不局限于淘宝店，而是全方位、多平台、多角度地销售红江橙。

他每天都会通过微信、QQ等和顾客“面对面”交流，对红江橙从树上采摘到打包发货的全过程进行图文直播。郑俊奇说：“顾客收到的货与发货时的照片是一样的，十分满意，加深了顾客对红江橙品质的信任，也积累了不少回头客和好口碑。”

年轻人投身农业，梦想还在延伸。面对未来，郑俊奇又有了新的梦想。他想做大红江橙产业，逐步建立质量追溯体系，保证每个橙子都能实现全程追溯，确保水果绿色健康优质；建立红江农场实验室，做好红江橙各个生长时期的数据监测，为提升品质保驾护航；建立规模化的电商仓库，使用智能分级机、清洗包装机、专业化采摘团队，减少人工筛选的成本、时间和误差；探索与国内知名的生鲜水果平台合作，建立O2O（线上线下）模式，降低物流成本，拓宽市场，提高销售业绩。

“在实现创业梦想和体现个人价值的同时，我想助力农场提高效益，拉动职工增加收入，让红江橙的好味道延续下去。”郑俊奇的梦想很有“野心”，但其实也很朴素。

痴迷于种菌的“80后”

2013年11月，在中山市首届大学生农业创业大赛上，记者见到这样一批人：他们的父母是农民，他们通过努力考上了大学，大学毕业后，他们中有一部分人渴望扎根城市，即便在城市里无根地漂流也不愿意回到农村。然而，在中山有另一批来自农村的大学毕业生却希望通过创业的方式回归农村，改变家乡的面貌。不管外界如何看待他们，他们悄悄地做着自己想做的。他们在创业道路上走得是否顺畅？渴望孩子跳出“农门”的父辈们，如何看待孩子又“拿起锄头”？

11月12日，中山市大学生创业孵化基地，一场创业比赛正在进行。

和以往比赛不同，这次的主题是围绕着农村和农业。为了证实自己的能力，来自民众镇的黄健锋和尤建文都带来了自己种植的菌和灵芝。比赛的休息时分，裁判也饶有兴致地走到他们的座位上，询问种植的情况。“那个菇很漂亮。”同样参加比赛的东凤大学生麦淑贤说。

在这批参赛大学生中，不少都来自农村，他们的父母都是农民，他们是父母期盼中跳出“农门”的“鲤鱼”。无论是自己培养菌种的黄健锋、继承家族手艺种植灵芝的尤建文，还是东凤西罟主打龙眼牌的麦淑贤，他们都是跳出“农门”的“鲤鱼”，但他们都不约而同地希望回归农村，通过注入新鲜思路的创业为农业注入新的生命力，期待用新的营销理念和技术来升级传统农业。

他们看到了农业前景

民众镇农产发展有限公司何场长说，创业大赛除了给创业者提供展示的平台，更重要的作用在于解决传统农业发展断层的问题。农业发展的现状是，大部分年轻人不愿意从事农业，嫌脏、累、不体面；从事农业生产的多为文化素质不高的群体，不相信或不了解现代农业高科技、高效的手段和方式，直接影响了农业产业的发展。举行农业创业大赛，能吸引更多年轻人参与，培养他们对农业的兴趣和热情，为这个行业注入新鲜血液，同时引入新技术，有助传统农业的升级换代。

针对跳出“农门”的“鲤鱼”投入农村创业，同为大赛现场裁判的中山市农业局农艺师洪炎龙认为，这些对家乡充满感情的“80”“90”后“鲤鱼”逐渐发现了农业的价值。“在未来，有一门技术在农业领域其实是非常有前景的。”洪炎龙说，目前，很多之前办工厂的老板都转而投资花木等农业，也正是看到了农业未来发展的价值。

“他们的父辈对农业的看法还停留在传统的耕作上，没有看到未来的农业规模化经营的前景。”洪炎龙对于黄健锋的黄金菇非常看好，“菌类是健康食物，如何将黄金菇的价格做到为中山市民能够接受的程度，这个是他们需要考虑的方向。”洪炎龙说，在这一次的创业大赛中，农业和旅游、教育的结合也是一个比较突出的特点，但是，如何才能经营好，这是考验大学生的地方。

在农业创业的路途上，这些跳出“农门”的“鲤鱼”能走多远？据人社局相关负责人介绍，为提高决赛选手的水平，市人社局和市农业局、民众镇政府决定组织开展决赛赛前培训。内容涉及创业计划书撰写及演讲技巧培训，农业创业机会与创富模式讲座。“扶上马还要送一程。”

痴迷于种菌的“80后”

此次申请农业创业大赛的项目，农业大镇民众最多，共有17个项目。来自民众镇的黄健锋自幼就爱和弟弟鼓捣一些农业种植，“我们从小就种草菇、平菇、蛹虫草”。黄健锋带着一个泡沫箱子装的黄金菇，金色的表面有着淡淡的绒毛，成为一大亮点。这是他试种了40天长成的。黄健锋希望能够和一家农家乐合作，以农业带动旅游，吸引游客来参观。

15日下午，民众浪网村的“六百六”（地名，记者注），阳光透过几棵茂密的荔枝树，洒在一座小院内。黄健锋在一个小小的“实验室”内培育新的菌苗。

这座小院是黄健锋外婆的祖产，一共三间房屋和一个小院，他的“实验室”是这座小院的一个杂物间改造的。黄健锋饶有兴趣地向记者介绍他的发明和一些发现，他瘦削的脸上架着一副黑边眼镜，如果不是他的肤色，很难将他与现在的工作联系在一起。在这个小小的菌类种植场里，有黄健锋亲手搭建的菌棚、高压炉、杀菌桶、接种器……

“自己做可以减少许多成本。”黄健锋对自己的那些杰作感到自豪。他是浪网村为数不多的几个能够从事务农的年轻人。他说，早在小的时候，他便对养殖蘑菇这样的事情非常感兴趣。“在那些废弃的地方能长出这种美味的东西来，是非常奇妙的。”黄健锋说。

正是这种奇特的想法造成了他对这个行业的痴迷。“有时候，我会一天都待在菌苗室里或菌棚内，观察这里的湿度和温度。”黄健锋笑着说，村里的一些老人家还有长辈有时候会笑话他，认为他在用最复杂的方式做着最简单的工作，因为几十年前老一辈便凭着直觉和经验种植出了菌类。

“但是，他们不知道现今培育出来的菌类不仅口感好，而且营养价值更高，产量更是不可同日而语。”黄健锋说，既然是新时期的年轻人，从事农业，那就应该玩儿出新花样来。

就在这个小院内，从2013年4月到10月，黄健锋收获了350多公斤的草菇，以每公斤40元计算，他在这个小院内收获了1.4万多元。更重要的是，他在草菇、黄金菇、平菇，以及一种更有营养价值的蛹虫草的培育上，都取得了成功。

他取得的这些成绩并没有得到父母的支持。“他们对我说，这是一个很没有前途的职业。”黄健锋说，尤其是他的父亲，他不愿意自己的儿子再和他一样，再在田里扛起锄头。他的父母种了一辈子的菜。所以父母让黄健锋在大学学习了机械和电子专业，毕业后在中山干了一阵子的电工和设备维修工作。

但是他没有忘记自己的爱好，每逢双休日，他便来到外婆的小屋子，研究如何培育菌类。他从网上找到了一家生物研究机构，从那里索取了资料，并与那里的专家建立了一些关系。他还对中山市场上的菌类食品来源进行了考察。

“现在的年轻人干农业也必须有知识，经验已经满足不了对品质和高产的要求了。”黄健锋说。

黄健锋在机关工作的弟弟，以及家境较好的表弟对黄健锋的工作也非常支持，前后为他筹集了4万多元，为黄健锋的小“菌厂”提供支持。

“父母以及身边的其他亲戚，对我所做事情唯一的衡量标准就是赚了多少钱。”黄健锋说，“只要赚钱了就是好的，这是老一辈最为简单的想法，当然，这也是我最大的目的之一，身边的一些老乡都这样走上致富路了。”也是因为如此，已经在菌类培植上花了三年时间的黄健锋也感到特别有压力。他说，比如培育出优质的草菇，他失败过五次以上，现在培育出来的草菇质量和产量都能保证了，他要证明给身边支持他和反对他的人看。

赚钱，通过务农走上致富路，不是黄健锋唯一的梦想。

“稻草、秸秆以及其他植物的根茎等，通过特别的发酵、消毒之后，都可以做成菌床，而培育出菌之后，这些又可以作为蔬菜、稻谷以及其他农作物的肥料，没有一点浪费，如此循环，这是一个绿色的行业。”黄健锋从小在浪网长大，他看到了这个村工业的崛起，也看到了工业对这个村庄带来的破坏。

“六百六这个地方，原来起码有上千亩的土地，现在真正剩下的可能就只有十来亩。”黄健锋说，因为土地的减少，他父母种植的蔬菜面积已经减少到了四亩，母亲只能改行到市场卖菜了。

在黄健锋看来，在这块土地上从事农业还有另一种意义，那就是需要有不同的人从事不同的工作，来共同守护这片土地。

就在黄健锋工作的小院旁，一条被称之为“太公涌”的小河缓缓流过，人们大老远路过都可以闻到刺鼻的臭味。黄健锋说，小时候，这条河至少有50米宽，河水清澈透明，孩子们都在这里游泳，随着浪网村的发展，人们的行为进犯了这条河流，现在是应当改变的时候了。

11月13日，市人力资源和社会保障局网站公布了中山首届大学生农业创业大赛的决赛名单，黄健锋和弟弟黄健文一同申报的黄金菇项目以总分排名第11的成绩进入决赛。

东凤西罟的“娘子军”

家乡日益恶化的自然环境和对农业的热情让黄健锋萌生了从事现代农业的想法，而高绮华三人则是为了推广家乡的特色和美景。东凤西罟村曾经因为独自照顾两位智障儿子近半个世纪的麦婆婆而为中山人所熟知，但是，很多人不知道，这个村的龙眼是一大特色。

从广珠西线高速东阜出口下，红绿灯一过便可从路边的一条村道进入西罟，一路典型的岭南村落风情。可贵的是，路边的河涌并没有发出令人难闻的恶臭，虽不至于清澈见底，但是在珠三角已属难得。

高绮华、麦淑贤和郭茵凤都是这个村毕业的女大学生，在村委会从事文职工作。她们家的门前屋后都有龙眼树，从小吃到大，没曾想到，有朝一日还能依靠龙眼来创业。在2013年的中山市首届大学生农业创业大赛中，她们三人各以一个和龙眼有关的主题创业参与比赛，一个以加工业为主，一个着眼龙眼种植，一个结合旅游。不过，遗憾的是，她们最后均以一分之差无缘决赛，仅获得鼓励奖。

“不管进不进决赛，我们都已经在做了。”11月15日，记者来到西罟村，刚刚当了新娘子的高绮华说，西罟村将以农业合作社的方式鼓励她们这批大学生创业。“村里面出资金，她们各自负责其中一个项目。”西罟村村支委黄流军介绍说。黄流军也是本村人，大学一毕业就回乡从事农业生产和管理，现在已经成为西罟村的农业专家。

黄流军说，西罟以养鱼为主，土壤富含养料，而靠近小榄水道的水质又比中山其他地方要好，因此，这里的龙眼特别甜。不过以前，大家都是自家种了自家吃，很少拿到市面上出售。也有人试过将西罟的龙眼树苗拿到其他地方去种，但是出来的果子都没有西罟村的好吃。

“来，喝喝我们西罟特产龙眼茶。”普通的龙眼叶当茶，泡出来的水和普通的茶叶没有太多区别，只是味道有些特别。“我们西罟人已经喝了上百年了。”在这里，家家户户都自产自销这样的茶叶，却从来没有想过可以大规模商品化。黄流军骄傲地说，他们曾经去过其他龙眼产地采摘茶叶，不过奇怪的是，只有西罟的龙眼茶有着独特的甘甜，“其他地方泡出来的都没有这个味道。”西罟村有两千多棵龙眼树，其中有四棵已有上百年历史。高绮华的创业项目便是加工制造龙眼茶和以树干来制作木雕工艺品。

在村委会旁一处废弃的厂房内，堆放着7 500公斤茶叶，这是村委会以1公斤4元的成本价收购的龙眼叶，也是村民首次能够“卖龙眼叶”赚钱。如今，村委会正筹集资金购买机器，准备生产第一批龙眼茶。“销售的话可能以网络销售为主。”读书时，高绮华也会带着龙眼茶回学校喝。在未来的龙眼加工项目中，高绮华将主要负责市场推广和销售。和现今的文职工作相比，“更具有挑战性”。她说，自己也曾经想过创业，不过没有合适的项目。

和高绮华的健谈相比，麦淑贤和郭茵凤显得内敛些。高绮华的父亲在村里的水利所工作，而麦淑贤和郭茵凤则是地道的“农二代”，父母都是农民，郭茵凤的父亲更是西罟村有名的龙眼苗嫁接“博士”。五十多岁的郭伯家几代人都种植龙眼，对于龙眼的生长习性非常熟悉。在他家门前的河边，他嫁接的龙眼树苗一棵能卖到200元。郭茵凤从小耳濡目染，也学会了这门技术。“会就会，精就不精。”郭伯这样评价自己的女儿。当初送女儿去读大学，希望她能够有出息，为国争光，如今，女儿回家乡从事农业，郭伯也觉得挺好的，“会大力支持她”。

因为有村委会的支持，高绮华等三位女大学生的创业和黄健锋相比，风险小很多，她们没有黄健锋那么多的无奈。不过，为何村里是清一色女大学生参赛？“男大学生大多从事机械、电子类，进工厂比较多。”高绮华说。看来，能够和愿意留在村里面的，又符合此次报名条件的，只剩下娘子军了。

“土豆姐姐”新媒体传播：四两拨千斤

“土豆姐姐”这个名字在微博、微信等社交媒体上可谓风头正劲，在国内的土豆行业也炙手可热。她的微博已经有十万余名粉丝，微信有上万个好友。这些“粉丝”的互动和传播，使得土豆姐姐种的土豆声名大噪。土豆姐姐也因此成为“中国好土豆”的代言人。

生产高品质产品，熟谙品牌理念，市场运作娴熟，合理运用新媒体渠道，仅用三年，“土豆姐姐”就成为网络知名人物，让“涌泉居”土豆迅速虏获了消费者的心。

"土豆姐姐"个人品牌叫响

"土豆姐姐称谓的由来，其实纯属偶然。"冯小燕回忆道。

2012年，涌泉居公司因为创新马铃薯品种，种出了富含花青素的紫土豆，冯小燕受邀与星光大道2010年年度总冠军刘大成一起在央视的舞台上演唱庆祝土豆丰收的歌曲。冯小燕十分重视这个机会，特意精心准备了信天游《我们的土豆圪蛋蛋》。

在演出中，央视一位导演最先叫起"土豆姐姐"的称呼，并得到了现场观众的接受和附和。这个独特的称呼当天在晚会上通过电视传遍了大江南北。

冯小燕发现，"土豆姐姐"四个字简单易记，朗朗上口，亲切可爱，十分适合作为商标进行推广。于是，冯小燕很快将"土豆姐姐"注册成了公司子商标。而这个子商标在众人眼里，倒成了冯小燕的个人品牌标志。这也恰是冯小燕所希望达到的效果。

与刘大成合唱过后，刘大成的很多"粉丝"也开始成为冯小燕的"粉丝"，土豆姐姐的微博"粉丝"量急剧增加。涌泉居公司立即顺势而为在网络上发起了一个"土豆姐姐"万元征集"土豆广告语"的活动，一下得到了全国几十万人的响应。

其实此时距其开始接触社会化媒体只有不到一年的时间。在一家商业网站2013年度盘点中，土豆姐姐被评为"营销热门事件"代表人物和"一夜成名的中国品牌"代表。

土豆姐姐品牌的影响力和传播力度的提升，有力促进了涌泉居土豆的销售。2013年，涌泉居公司来自上海市场的1.5亿订单是通过新浪微博深圳粉丝牵线搭桥促成的，北京华联的订单是通过陕西北京商会微信群里的企业家推荐得来的，淘宝网店的客户也主要来自微博微信。

偶然成名背后的必然

土豆姐姐个人品牌的叫响，一方面是市场推动的结果，另一方面得益于冯小燕丰富的市场运作经验、先进的品牌意识和强大的个人魅力。

冯小燕出生于陕西省榆林市子洲县，今年50岁的她当过教师、公务员，下海经商后涉足过建筑材料、建筑工程、酒店、餐饮、物流等领域。近二十年的商海浮沉使她明白，只有品牌建设上去了，好的产品才能为更多人熟知，才能真正打开市场和销路。

创业伊始，冯小燕就为自己的土豆产品注册了“涌泉居”的商标。

“对待公司品牌，必须像对待自己生命那样。”冯小燕介绍道。这种谨慎的品牌观念，却像一把双刃剑一样，在呵护涌泉居品牌顺利成长的过程中，险些让冯小燕错过了“微营销”的机遇。

“对于微博微信等社会化媒体的运用，我是属于‘醒得晚但起得早’的。”冯小燕回忆说。2012年秋天，朋友建议她开通微博时，她第一反应就是：不行！“当时主要是有思想负担，怕驾驭不好微博这些新生事物，如果一不小心说错话，把原本还不错的社会声誉给搞砸了，那就得不偿失了。”

后来禁不住朋友的一再催促，冯小燕决定尝试一下。没想到，还不到半个月，她就尝到了甜头。“‘粉丝’背后都是一个个具体的个人。我可以通过发言来影响他们，让他们爱上涌泉居土豆。微博就相当于一个免费的宣传平台啊！”

从此，土豆姐姐就迷上了通过微营销大念“土豆经”。

为了更好地运用好微博微信等自媒体传播，她每天早晨醒来的第一件事就是发一条有质量的微博微信，同时把一些重要的互动完成了才开始吃早饭。平时在空闲时间里，她就绞尽脑汁地构思句子。坚持原创和传递正能量的特点，使她慢慢地受到越来越多粉丝的关注。

在冯小燕扩大个人品牌传播力的过程中，唱歌这个的业余爱好成为一大“利器”。“我是会唱歌的人里面土豆种得最好的，也是种土豆的人里面歌唱得最好的。”冯小燕幽默地说。

歌声与土豆结缘，使得冯小燕种出的土豆里面有了文化内涵，品牌传播过程中也有了鲜明的“卖点”。这些优势使得冯小燕获得了多次登上央视舞台进行表演的机会，而她也很好地把握住了这些“天下掉下来”的品牌传播机会。

同时，她创新营销模式，把土豆包装成苹果一样的礼品箱来卖，还创意性地制作了一盘陕北民歌碟片放在土豆礼品箱里免费赠送，使大家在欣赏委婉动听的歌声过程中更多地了解了榆林。这盘碟也因此受到消费者的一致好评。

2013年，涌泉居成长为陕西省著名商标，冯小燕也依托“土豆姐姐”个人品牌，一步步地从草根成为社会名人。

品质是品牌建设的基石

从2010年冯小燕决定回乡发展现代农业时起，她就坚定选择走高端、健康、优质的土豆种植之路。为此，冯小燕与美国公司合作，引进了优良的土豆品种“布尔班克”，种薯经过脱毒处理，以保证植株健康少病害，根除种植过程中农药化肥过量、滥用激素色素等问题，并投入大量资金采购先进的农机设备。

如今，涌泉居现代公司的种植基地已实现了种植、灌溉、收获的全机械化和国际标准化的种植管理。现种植规模超过3 000亩，只需八九个工人就能全部搞定。当地农民按照传统耕作方式亩产最多1 500公斤，而她的团队最高亩产竟达到6 000公斤。

坚持品种创新，则是冯小燕种土豆的另一个特点。“涌泉居与国家948科研项目组保持密切联系，成为他们科研成果的技术转化基地，每年都要引进新品种试验种植。在科技的助力下，涌泉居公司种出来的土豆口感好，富含微量元素，营养价值高，受到了市场的欢迎。”冯小燕表示，产量和品质得到了保证，才为品牌化运作奠定了很好的基础。

“健康的农产品是品牌的根。有人在网上说我很火，但是我心里明白，如果不是土豆确实好吃，我没有坚持做健康农产品的信念，不注重品牌建设，那么根本不会有人搭理我的。大家支持的，是我领着家乡父老走现代农业之路，做健康农产品的这份事业！”冯小燕对记者说。

如今，涌泉居土豆在市场上供不应求，从一播种就有了“主”。土豆姐姐的事业也做得风生水起，挣了个盆满钵满。

“现在来自全国乃至国外的客商都主动找到我洽谈合作，他们看中的就是‘土豆姐姐’这个品牌，因为品牌就意味着重合同守信用。”冯小燕笑着说，“接下来，我打算选择一些陕西优质小杂粮，推出贴牌的产品，利用土豆姐姐的品牌效应来推广陕西的优良农产品。”

为合作社插上电商“翅膀”

成群的大白鹅摇摆着笨重的身体在碧波荡漾的水面上自由嬉戏；一只只黑鸡在山冈上成片的核桃林下悠闲地觅食……2015年1月底，《皖西日报》记者来到叶集试验区三元镇祖师庙村强胜种植、养殖专业合作社，座座山冈到处可见鸡、鹅立体养殖的和谐美景，这里俨然成了一个天然的“牧场”。该合作社负责人陈永英是祖师庙村的村委会主任，她既是当地致富状元又是村民的脱贫致富引路人。

祖师庙村是典型的丘岗地区，过去交通及农村经济发展相对较为滞后，村里的青壮劳动力大都外出打工，很多农田被抛荒，荒岗地更是茅草丛生，村民生活水平得不到根本性的改善。

作为村干部的陈永英，自1995年上任以来，一干就是20年。为了拔掉“穷根”，她把带领群众脱贫致富的事一直挂在心上。近年来，在各级惠农政策的支持下，陈永英通过学习考察，发现本村的区位环境很适合发展种植、养殖业。为此，陈永英联合本村11户村民成立了农民专业合作社，走上了“抱团”发展种植、养殖之路。如今在她的带动和合作社的辐射下，合作社社员已发展超过240户，常年解决季节性用工超过200人。

随着合作社发展规模的不断壮大，传统销售方式已大大影响和制约了合作社的发展。陈永英说，合作社刚成立时，由于销路渠道单一，很多农产品销售价格上不去，从某种程度上直接影响了合作社的发展和社员的积极性。陈永英多方学习考察，她发现，电商是一个不错的销售渠道，特别是在农业生产和经营活动中能有效地缓解农业小生产与大市场之间的矛盾，有利于农产品价值的顺利实现与提升，有利于促进农民增收，有利于农业企业增效。

为此，陈永英专门买了几台电脑，在合作社大院内拉起了网线，与大家共同摸索着网上销售的路子。令她惊喜的是，当她把合作社的产品在网上展示后，受到很多企业及消费者的好评与青睐。“我网上第一单就销售了两万多元的农产品，这更增添了坚持传统直售与电商直销的信心与决心。”陈永英高兴地说，“刚开始只是抱着试试看的心态，没想到网上下单的顾客越来越多，许多客商通过网店纷纷来到我们合作社参观，直接下单的也不在少数。”

电子商务进乡村，网络销售尝甜头。陈永英认为电商平台能减少中间环节，从而提高合作社的收入。“电子商务改变了传统的乡村生活，也让农民合作社变成了电子商务的‘前沿阵地’。”在陈永英看来，农产品电子商务这个不可抗拒的大趋势加快了合作社的发展节奏，使社员的腰包更鼓了。

为了树立品牌与质量意识，陈永英专门注册了“春意思”和“英田缘”两个商标。合作社农产品除了皖西大白鹅、黑鸡外，还生产含硒量高的紫米等十多个品种。现在，买卖双方只需轻点鼠标就能完成交易，经济效益不仅提升了，合作社的农产品也卖到了全国各地。在2015年元旦期间于上海举行的第15届安徽名优农产品绿色食品交易会上，陈永英代表安徽农民专业合作社参展，她展出的很多农产品被上海市民抢购一空。

“2014年合作社产值达到六百多万元，很多都是通过电商渠道销售的，目前发展势头和前景非常广阔。新的一年我们将进一步加快电商销售步伐，力争产值再上一个新台阶。”现年49岁的女村干陈永英对未来发展充满信心。

合作社的辣椒“红”了

2015年1月，正应该是东北农民辛劳了一年，坐在炕头喝烧酒，品尝劳动果实的时候，而前郭县王府站镇共创高效农业专业合作社的农民们却聚集一堂，总结一年以来的收获，研究未来一年的种植方案。

前郭县王府站镇共创高效农业专业合作社成立于2013年1月29日，由小榆树村朱军、刘振海等五户村民共同组建。创立之初，该合作社有土地27公顷，以种植辣椒为主，萝卜、大蒜、毛葱等经济作物为辅，仅2013年，该合作社的纯利润就达到40万元。

取得这样的成果，朱军却高兴不起来，因为他看到了一些不足。土地不成片等问题成了阻碍农民得到更大收益的“绊脚石”。为此，他大力劝说当地农民集体入社，争取为农民获得更大收益。有些当地农民看到该合作社创造的效益，或以土地入社，统种统收，或直接与合作社签订合约，统购统销。

两年来，该合作社已发展到拥有土地50多公顷，签约土地也达到70公顷。2014年，该合作社共收获辣椒23万公斤，玉米16万公斤，毛葱5 000公斤、黄豆2 300公斤，总收入超过90万元，这让该合作社的成员和当地农民都看到了更大的希望。

2014年，该合作社与洮南市金塔集团、松原市育才冷饮两家企业继续合作，出口辣椒到韩国，并签订了2.4元/公斤的辣椒保底价。如果市场价高于2.4元/公斤则按市场价收购，如果市场价低于保底价则按2.4元/公斤收购，这就让2015年该合作社的成员都有了保障。

一直以来，该合作社以服务成员为宗旨，以共同富裕为目标，不断发展壮大。2015年，该合作社将继续以辣椒种植为主，以其他特色经济作物种植为辅，进行规模化种植，同时也加大投入用以扩大合作社的规模，以及加快土地集约化进程，让农民在致富路上越走越远。

能人转行养蜂带出个合作社

“8月，我刚成立了明远中蜂养殖专业合作社，准备带领村民大干一场了。”2013年9月，在重庆市巫山县骡坪镇路口村，村民杨章远戴着纱帽，从一蜂箱中拎出一张蜂网，仔细查看着蜜蜂的生长情况。

他是该村的中蜂养殖大户，养殖了154箱蜜蜂。然而，两年前，他还是一个跑运输的致富能人。

能人转行养蜂

2013年，杨章远37岁。年轻时就到上海、广州等地打工，走南闯北的他增长了很多见识。2010年回到家乡，他买了一辆东风货车跑起了运输，年收入超过10万元。

2012年初，路口村成为整村推进扶贫村，该村支两委想发展产业。

“全村700多户2 000多人，主要收入全部靠传统种植和外出务工。”该村支书袁孝辉说，为了路口村的发展，他们想到了一个办法：让该村的致富能人回到村里来搞种养业，收到效益后再带动村民规模发展。

“村里的油菜、中药材种植面积广，加上漫山遍野的野花，蜜蜂养殖前景很看好。”于是，杨章远卖掉了货车，准备回村养殖蜜蜂。

刚开始，家人极力反对，妻子怒言，要她还是要蜜蜂。他心里也没底：自己从来没养过蜜蜂，重起炉灶能行不？“你放手去做，我们支持你。”村里的态度给他打了一剂“强心针”。

一波三折的跌宕

2012年4月，杨章远投入10万元，从湖北买回了80箱中蜂，开始边学习技术边养殖蜜蜂。当年7月伏旱天，由于野外采蜜时蜂箱位置摆放不对，引起大量蜜蜂逃逸，损失了4万多元。

“疯了，好好的钱不赚，去养蜂，到头来肯定是一场空。”村民也开始议论起来。

9月，杨章远一狠心跑到了湖北枝江的一个大型中蜂养殖场，开始重新学习养殖技术。一个月后，他又带回了60多箱蜜蜂，将养殖规模扩大到150多箱。

“今年上半年，我已收获了2 000斤蜂蜜，收入近10万元。”他告诉笔者，到蜜蜂冬眠期，还能收获2 000多斤，全年能收入20万元左右。

“养殖蜜蜂，只需要一次性投入和平时的精心管护，就能有很高的效益回报。”杨章远说，一箱蜜蜂养好了，一年就能收入1 500元以上。“一户只要能养上10箱蜜蜂，年收入1.5万元很轻松。”

路口村属于高山村，面积大，能养殖3 000箱以上蜜蜂。

有了积极性的村民

看到养殖蜜蜂有“甜”头，该村的村民找到了杨章远，想一起养蜂。

60多岁的村民张世才，全家三口人以务农为主，2013年人均收入不足5 000元。2014年初，他在杨章远的带动下，养殖了50箱蜜蜂。半年后，收入3.6万元。

于是，张世才又发动成家立户的儿子张明权开始养蜂。6月，张明权养殖了20箱。

62岁的王一文也养殖了24箱蜜蜂。“到年底，能收入3万元以上。”他说，自己原来靠种地为生，一年到头，只能收入一万多元，现在翻了一番，应该感谢杨章远。

“目前，全村已经有十多户蜜蜂养殖户，还有三十多户村民准备养殖。”袁孝辉说，蜜蜂养殖产业，现已逐渐成为该村除中药材外另一大特色产业。

打造特色产业的愿望

8月14日，杨章远申请成立了养蜂专业合作社，吸引了五户村民入社。

“现在，我的养殖技术基本成熟，有能力带动村民规模发展了。”杨章远说，他的第一个愿望就是自己养殖中蜂500箱，带动三十多户村民养殖2 000箱。

第二个愿望是成立蜂蜜初加工厂，注册自己的商标，帮助全村的蜜蜂养殖户做好销售服务。

“目前，我最大的困难是缺少周转资金，商品的品牌尚未建立，销售渠道还不畅通。”杨章远想求助媒体，帮助寻找一个有市场推销能力的合作伙伴，一起把蜜蜂养殖发展成路口村的一大特色产业，让更多的村民致富。

发展之中的农民合作社咋规范

2015年1月，山东省农民合作社已有近13万家，数量全国居前，但质量上却参差不齐。山东省政府工作报告明确提出，要规范发展农民合作社。

作为新型农业经营主体之一，合作社发展如何规范，是我们面临的一个不小问题。几位来自基层的代表，对此各有见解。

有的合作社是“赶时髦”，凑够五六户农民，就来注册合作社

“我到工商局调研时就曾碰到过五六户农民来‘赶时髦’注册成立个合作社。”省人大代表、禹城市市长张磊直言不讳。

张磊说，一些农民合作社虽已登记注册，但实际上有名无实，流于形式。有些是松散型的合作社，“好则合，不好则散，有利则合，无利则散”，合作基础很不稳固。

来自莱阳市的省人大代表高云建，在农村当了几十年村支书，他介绍，一些合作社的确有跟风现象。那边成立个玉米合作社，这边成立个芋头合作社，但不少农民对合作社相关知识了解不多。

2015年1月底，记者从有关部门获取的一份资料显示，某市运行较规范、服务效果较好的合作社仅占20%，运行较差甚至没有开展服务的占35%。

省人大代表翟玉田，来自济宁市任城区阜桥街道蒋林社区，作为社区党委书记，他的职业还是农民。社区旗下有个股份经济合作社，这在任城区是第一家。

与众不同的是，这个合作社有三名本科大学生做财会人员。翟玉田说，这些年，我们每一笔大开支都要七百多名老少爷们摁红手印确认后才能支出。合作社每个季度一次财务张榜，列出一个表，每家每户送达。

不是所有合作社都会如此规范。翟玉田说，他们合作社有监事会、理事会、社员代表会，仅监事会就五个人。但在一些村，合作社这“三会”不健全，有些合作社农民也不知道“三会”是啥。

有些农民跟风成立合作社，还有个原因就是一些扶持政策只给合作社。成立了合作社，容易拿扶持资金。张磊代表说，这就让我们的相关扶持政策实效走了样。

规范不是“卡紧、卡死”，要守住底线，引导而不领导

如何规范？答案各有不同。

“合作社要规范，但不能卡得太紧太死。”张磊代表认为，从2007年农民专业合作社法颁布实施，农民合作社发展总体还处于初级阶段，还要继续鼓励发展。现在不能用太严苛的尺子去量，否则就会把农民的积极性打掉。

翟玉田提到，的确有个别合作社从事非法吸储的。对这一类，必须要严格监管。但总体而言有一个原则，就是守住底线，保证农民基本权益，不出现大问题。

他举例说，有的规定提出，在农民合作社从事会计工作的人员必须取得会计从业资格证书。“这一点在农村不少合作社中很难做到。几十户农民，多是中老年

人，小学、初中学历，有会计从业资格证书的人，他们请不起。”

张磊认为，政府不能再像以往那样面面俱到，“对禹城1 700多家合作社，政府是引导而不是领导，我们的一些扶持政策将更科学化、精准化。”

以更宽视野看合作社规范，两极分化中或有新走向

谈到农民合作社规范发展，高云建则先谈了他去台湾考察的印象：“我对台湾的农会印象深刻，他们的谈判能力很强。”高云建说，台湾农会在农村和农民心中具有重要地位，农会会长很受人尊重。“由此我在想，无论是合作社还是农会，最终目的是一样的，就是形成强大市场话语权，实现为农民谋利。”

高云建所在的濯村，每到春天，樱花烂漫，是远近闻名的美丽乡村。他们没有采取合作社的方式，而是直接引入了工商资本，全村几千亩地，流转给新加坡等地的公司发展有机农业，并在链条上配套食品加工等企业，让村民富起来。

“我对比并思考过合作社与我们的发展模式。”高云建代表说，合作社许多是靠农业大户领办。100户联合起来干，力量自然比一户农民干的力量大。但大家毕竟还是农民，如果缺乏外在新力量进入，发生质变实现飞跃还是比较难。因此，合作社必须向更高层次走，有新元素如人才、资金注入。

张磊代表认为，农民合作社发展会两极分化，将来有些合作社会消亡。禹城有个王子付村养牛专业合作社颇为有名，河北等地奶牛户都慕名而来。但2015年1月，有家大型企业投资15亿元在禹城搞牧业，奶牛存栏1万头，一头牛就要5万元，从澳大利亚远洋运来。在这种巨头面前，合作社市场谈判能力将显得很小。

但一些小合作社并不是没有出路。张磊认为，两极分化后，一些合作社完全可以逐步联合，成立区域性农民专业合作社联合社，下一步甚至会出现全国性农民专业合作社联盟，并形成龙头。“这应是合作社的一种长远走向。”

夏津一合作社黄瓜育种成了“气候”

2014年11月21日，山东省夏津县雷集镇兴农蔬菜专业合作社把最后一批黄瓜种送上了“出国”的班车。社员姜金党高兴地说：“今年我种的这个黄瓜棚每亩纯收入达到了1.2万元呢。”

据了解，这家合作社是与天津黄瓜研究所合作的黄瓜育种合作社。目前，合作社生产出来的种子在亚洲有着很高的市场占有率。现在，社员每亩地的纯收入达到

了1.2万元，最高时甚至达到1.4万元。而每亩的年投入仅为1 400元。

小村涌现200个“马来西亚棚”

一走进大姜庄村，记者便被这里“长相”奇特的大棚吸引住了。它们没有后墙，棚体容积很大，棚内还有五十多道横梁，而且是双层膜覆盖。在社员姜金奎的大棚里，他指着一排排黄瓜架说：“我家大棚长56米，宽37米，是合作社面积最大的棚，达到了4.6亩。这种奇特的大棚在山东可是独一家。”

理事长杨洪章是位“老种子”了，他从20世纪90年代就开始研究种子，研究过胡萝卜育种、玉米育种等。通过多方考察，他最终把目光锁定在市场前景广阔的黄瓜育种上，并亲自到天津为合作社请“军师”。2007年7月，兴农蔬菜专业合作社注册成立，全村300户村民纷纷加入，它也成了德州市第一家蔬菜类合作社。同时，在天津黄瓜研究所的指导下，合作社建了20个育种专用大棚。棚体结构完全借鉴马来西亚模式，抗压抗病抗冷冻。棚内横梁还大大延长了大棚寿命。大棚外膜是防虫网，内膜是保温膜，这种结构大大提高了种子的纯度。

敢借力，黄瓜种远销海外

现在，合作社总共培育了34种黄瓜，全部是市场紧俏品种。据了解，合作社一年可培育出3万斤种子，全部走订单。合作社的一斤黄瓜种现在卖到了120元。“通过天津黄瓜研究所旗下的销售公司，我们的黄瓜种卖到了菲律宾、马来西亚、印度、日本、韩国等地。一想到这么多国家都种着我们合作社的黄瓜，社员们打心眼里感到自豪。”谈到种子的销路，杨洪章如数家珍。

从2010年开始，合作社的黄瓜种子每两年每斤上涨10元。这为每一位社员津津乐道。这家合作社的智慧之处在于，虽然是销售公司帮助合作社把黄瓜种子卖到世界各地，但是他们之间并不是简单的买方与卖方的关系。很多事情都是他们双方共同商量的结果，比如价格的确定。杨洪章说：“在这一点上，合作社并不是弱势群体，我们可以与企业进行平等的谈判。”

依“法”治社释放出无穷能量

不同于作物种植，蔬菜育种是一项极其复杂的工作，它里面涵盖了很多技术元素。所以合作社给社员设定了非常严格的规章制度，以保证黄瓜种子的纯度、净度、发芽率。

合作社规定，不同棚不同户之间不允许“棚外借花”。去年春天，有一户社员的大棚雄花偏少，他就到邻居家的大棚里借了几朵花，打算给自家的雌花授粉。合作社监管员了解到情况后，严肃批评了这两家合作社，分别对其处以300元罚款并全社通报。从那以后，“棚外借花”的事情再也没有发生。

现在，合作社的育种大棚内只要进去一只昆虫，就要马上捕捉；只要有一棵植物染病，就要立即连根拔起并清理到棚外。一旦发现违规操作，合作社会在第一时间追究责任。

理事长杨洪章把他们的成功经验归结为三条：第一，选对了黄瓜育种这一高技术含量、高回报的项目；第二，无论办什么事儿，300户社员总能齐心协力；第三，完备的合作社制度使合作社可以良性运转。

“土专家”入选首届“全国十佳农民”

又是一年橙红时。2015年2月初，沿着弯弯曲曲的山路进入金堂三溪镇，层层叠叠的山坡上满是青翠的脐橙树，金黄色的果子缀满枝头。

三溪镇金峰村农民孙泽富的100亩果树却有些不同：这里栽种的是一种全新品种。而孙泽富瞄准的是十年以后这个品种的大市场。“十年”，这是孙泽富脐橙种植生涯的特殊“年轮”：前一个十年，他坚守理想，在汹涌的市场浪潮中力挽狂澜，带领当地农民走出产业“寒冬”；现在，金堂的脐橙卖得红火，他却嗅出了一丝危机的味道，已悄然开始计划未来“十年”。

2015年2月2日，孙泽富奔赴北京，接受农业部授予的首届“全国十佳农民”称号。在那里，作为四川省唯一的当选者，他要向全国观众讲述自己的“十年”故事。

十年起伏：“脐橙第一乡”遭遇产业寒冬

2015年42岁的孙泽富是土生土长的三溪人，20世纪90年代初从农校毕业后，他就进入金堂县农业局果树站担任技术员，端上了乡亲们眼中的“铁饭碗”。但一心想在土地里有所作为的孙泽富却高兴不起来。

1998年，借三溪镇成立三溪脐橙开发公司的契机，孙泽富辞掉了“铁饭碗”，进入该公司成了一名业务经理，跑脐橙销售业务。

那时的销售其实根本不用跑。1996年，中国柑橘研究所所长沈兆敏把三溪镇命名为“中国脐橙第一乡”，彼时，该镇常年种植脐橙约2万亩，年产量达5 000万公斤，产品远销华东、华北等消费水平较高的区域，根本不愁销路。孙泽富回忆道："当时外地人来买脐橙，还得找当地干部'批条子'。"

2000年，三溪脐橙开发公司改制，看准了这个机会，孙泽富把公司承包了下来，生意做得红红火火。三年后，孙泽富成立了自己的公司——成都市三溪农业综合开发有限责任公司。

谁也没想到，一场"寒流"悄然袭来。仿佛一夜之间，以前络绎不绝的外地客商突然不见了人影。脐橙丰收，大伙儿却守着黄灿灿的果子发愁。

原来，金堂脐橙是1936年引入中国的"罗伯逊"品种，20世纪七八十年代在国内大量推广种植，产量过剩的后果在2002年露出苗头；而国内赣南脐橙、雷波脐橙、奉节脐橙等"新军"相继崛起，又将金堂脐橙的市场进一步挤压至西北地区。

果子滞销带来价格"雪崩"，金堂脐橙从此进入了产业"寒冬"：到2008年左右，脐橙价格已经从近4元/公斤下滑到0.8元/公斤，整个金堂的脐橙种植面积下滑数万亩。

"收复失地"：三溪脐橙重返全国市场

如何把堆积如山的果子卖出去，是"寒冬"头几年里孙泽富想得最多的问题。

"打电话给老客户，人家说今年不来了，其他地方果子更大，品相更好。"孙泽富说，回过头来看金堂的脐橙，灰扑扑，脏兮兮，品相确实差一档。

灵机一动，孙泽富买来了一条生产线，在公司做起了脐橙清洗、打蜡、包装的业务。"通过专业机器，对脐橙清洗后打上一层蜡就能保鲜，放上一段时间来个错峰销售，就能每斤多赚两三毛钱。"

只是这样还不够。"要收复'失地'，不能坐等客商上门，必须自己走出去。"

2003年，孙泽富在当地农民中间组建了一支销售队伍，拉着几卡车脐橙来到山东淄博。没想到这次竟然卖出了800多万斤，几乎占当年整个三溪镇10%的产量。

有成功，当然也没少交"学费"。2006年，孙泽富组建的销售团队信心满满地拉着果子来到山西太原，却由于对当地市场不了解，亏本而归。

正是这一次次的历练，让这些农民逐渐完成了从种果子到卖果子的角色转换。在孙泽富的带领下，当地已经形成了130人的脐橙营销队伍。"曾经丢失的市场已经拿回来了。"孙泽富说，三溪脐橙再一次回到北京、上海、东北、华北等市场。

求新求变：十年练成柑橘“土专家”

市场是“挤”了回去，但要站稳脚跟，还得做出“人无我有，人有我优”的产品。孙泽富一面积极引进培育新品种，一面将目光盯在了当时还未在全国范围内推广的脐橙留树保鲜新技术上，“延长留树期和保鲜期，实现错峰销售”。

2003年春节后，孙泽富在金峰村三组自己承包的果园里搞起了试验。但连续两年试验都宣告失败，最多的一年里造成了30%的果子损失。一些果农更是拿他的试验当笑话：“老天爷安排的事情你想变就变？还是安分点吧。”

不愿放弃的孙泽富一方面寻求地方政府及农业部门的支持，一方面天天泡在果园里琢磨，硬是把自己练成了一个“土专家”。

2007年，留树保鲜技术终于在孙泽富的试验基地“开花结果”：脐橙优质果达到90%以上，每亩脐橙产量2吨，高于其他果农的每亩1.5吨；第二年错峰上市，卖到3.5元/公斤，高于全国其他地区脐橙品种的售价。

真金白银摆在面前，果农们终于相信，新技术是致富的“法宝”。而孙泽富也没有忘记乡亲。2008年，孙泽富开始推广留树保鲜技术。七年来，他参与开展各类农民科技培训、产业培训，“学生”达上万人，造就了一大批懂技术、善经营、会管理的农民技术骨干。

2012年他牵头成立了金堂县金溪水果专业合作社，发展社员160多户，种植面积2 370亩，年产值1 400多万元。同时，柑橘留树保鲜技术还在全省推开，种植面积达10万余亩。由他引进的新品种、新技术并试验示范成功的超过30项。金堂果农户均增收2万元左右。

孙泽富预测，“不知火”等两个新品种还能有10年的市场生命力。但他已经开始为下一个十年谋划，“我已经储备了十多个品种，正在进行试种试验。”

合作社如何用好内部资金互助功能

山东省临沂市交电家电站综合公司经理、蒙阴县东大神谷种植养殖专业合作联合社理事长庄涤非，作为一个城里人，他在年近花甲之际，一头扎进了农村，带着农民办起了联合社。

带着工商资本进入了农村，庄涤非说自己完全是怀着“对农业、农民的感情”。正因为如此，他对合作社的观察，既充满关切的情感，又有旁观者清的冷静。从培训、融资到时髦的“网商”，庄涤非有很多话要说。

“老知青”再度下乡。庄涤非年轻时曾在莒南县“下乡”，干农活对他来说并不陌生。2014年6月，他在蒙阴县岱崮镇东上峪村出资成立公司，后来成立了联合社，涵盖了之前种植、养殖、资金互助三种合作功能。在联合社里，公司以现金入股，当地农民以土地入股，从事蜜桃、山羊、长毛兔等产品的种植养殖。

联合社成立后，庄涤非被推选为理事长。他到全国各地参加学习培训，对外接洽销售农产品，实地组织农民生产，在运营合作社的过程中收获了乐趣，也开始了思考。

庄涤非认为，合作社不够规范是通病。真正深入农业经营一线，庄涤非对合作社的发展状况有了更多认识。他认为：目前国内农民专业合作社的规模小，人力、财力薄弱，内部管理机制不够健全，很多合作社的民主选举、民主决策监督的制度不能落实。

合作社对年轻农民的吸引力还不够。庄涤非说，目前，一些在外打工的年轻人对回村创业产生了兴趣，但都还停留在观望阶段。尤其是一些农村走出去的大学毕业生不愿回到家乡的合作社工作，不利于合作社提升经营水平。

庄涤非建议互助资金要用好。政府要利用农闲时间举办有关合作社的新型农民职业培训，多培养一批懂技术、会管理、懂市场的合作社掌门人。在这个基础上，农民合作社可以建立网络销售平台，寻找新的卖点，通过营销创新、包装创新提高农产品的附加值。2015年，东大神谷种植养殖专业合作联合社准备招募一些大学生，创建网络销售的渠道。

在融资方面，庄涤非认为要重视社员内部资金互助所发挥的作用。经过前些年的滚动发展，东大神谷联合社的资金互助部已经形成了约11万元互助金的规模。这些完全来自社员的股金，都被用于其他社员短期的、生产性投入。庄涤非说：“借款人有两个社员做担保，风险极低。从创办至今，资金互助从未发生风险，老百姓都是在约定时间前还上。这个方法，要比从银行贷款简便得多。只要规范运作，这是农民融资的一条很好的路子。”

合作社能否解决“一股独大”问题

因存在利益分配问题，负责人抵触股权相对平均，不愿社员多入股。

2015年1月底，刚进腊月门，杨爱莲就拿到了合作社的90元分红，她家入股的金额是1 000元。“入股1 000元能分到90元红利，比存银行合适。我还想多入点股，可是合作社不让，只允许我入股1 000元，即1股。”

杨爱莲家在沂南县蒲汪镇大赵家村，因地与日照接壤，就加入了日照的一家花生专业合作社。合作社有社员712户，分布在日照、临沂多个县市区的70多个村。合作社年加工销售花生米3万余吨。

记者随手翻了翻这家合作社的账本，发现社员分红差距很大。大多数社员和杨爱莲一样，2014年的分红只有90元，十多人有三五千元，但也有分得多的，其中有5个人的分红达到了近10万元。

差距为什么会如此之大？这家合作社的负责人介绍说，合作社600多万元的股金主要来自5个发起人，其他社员入股只是象征性的。“前年合作社建了一个花生油加工厂，投资500万元左右，社员也曾经提出入股，不过，由于合作社这几年发展很快，自有资金比较充裕，所以就没必要募集股本。”

农业合作组织对社员入股有抵触不是个别现象。农业部经管司赴聊城、泰安、济宁三市，对农民专业合作社发展情况进行的专题调研报告中就提到，一些合作社的股本结构往往发起人占出资大头，存在“一股独大”风险。安徽农业大学对山东农民专业合作社规范化发展的研究报告中也提到，根据对泰安、临沂两市的实地调研和全省13个市的问卷调查发现，少数人占有60%~80%股份的合作社不在少数。报告说，现在的合作组织在市场竞争力、经营效益方面相对较好，也更符合我国农村生产的实际情况。不过，目前合作社的股权越来越集中到少数人手中，从某种角度说，合作社的带头人更像是具有较大买卖能力的经纪人，可以说已经背离了合作社的成立初衷。

《农民专业合作社法》第三十七条明确了合作社盈余分配方式，即“按成员与本社的交易量（额）比例返还，返还总额不得低于可分配盈余的百分之六十”，这种分配方式叫“惠顾返还”。但目前大多数农民专业合作社的分配方式，不是以惠顾返还为主，而是以按股分红为主。如果按照惠顾返还的原则，农户卖农产品给合作社，除了能拿到销售农产品的钱，合作社还应按交易量（额）返还农户一定数额的钱。倘若换成按股分红，即按合作社收购农产品资金出资份额算，现实中一般农户很少出钱甚至不出钱，主要是大户出钱，这就意味着普通社员除了销售农产品所得，只能获得很少分红或者一分钱分红都没有。

由此可见，合作社负责人抵触股权相对平均、不愿意社员多入股的最大原因就在利益分配上。记者采访过滨州一家蔬菜合作社，其负责人坦言，他在合作社占股80%以上。他解释说，合作社的经营是他在负责，市场是他开拓的，风险也主要是由他在承担。“2014年年底算了一下，合作社赚了40多万元，分红是不多，只分了6万多元。但如果亏本了，会有社员肯一块承担损失吗？”

对这种现象，大多数社员虽有意见，但还是选择了默认。“合作社是人家的，人家也有路子，咱一个农民又能怎么办？”杨爱莲说出了大部分农民的无奈。

在农村，能人、种植养殖大户或大股东往往头脑灵活，眼界开阔，能够为合作社的发展提供启动资金，选择生产经营项目，组织农产品营销，对合作社进行管理。没有大户大股东的积极组织和参与，很难想象在农村能够建立起农民专业合作社，并使之有效运转。但是，在利润分配方面，真正能够“二次返利”的很少见。最常见的情况是，合作社的营销大户按约定价格或者市场价格收购社员的农产品，而此后的营销利润与社员无关。这种现象应当引起重视。

科技送进合作社果园里

江西寻乌县澄江镇王屋村年轻的果技员王俊辉，2015年1月正忙着督促村里果农们冬季清园。“现在树上柑橘、脐橙基本采摘完了，主要忙着修剪枝叶，给果树施肥，防寒防冻，防控疫情等。”

果技员自身就是果农。王俊辉管理着超过2 000株果树，年收入最少20万元。“首先得是优秀果农，技术过硬，最重要的是能够热心为果农服务。”澄江镇镇长刘新焰笑着说，“补贴一个月800块，一年也就1万，没点奉献精神，真干不了果技员。”

寻乌果业总面积达45万亩，总产量50万吨，产值达12亿元，处处可见的蜜橘树、脐橙树成为寻乌老表的“摇钱树”，因而科技下乡成为寻乌“三下乡”的重中之重。

寻乌县建立了县、乡、村三级果业技术推广体系。寻乌县果业协会堪称该县“中科院”，有十多名果业技术高级工程师。72岁的协会会长张国宝是柑橘“首席科学家”，“我们是一年四季到乡镇、到村里搞培训，直接把科技送进果园里。村里很多果农都叫得出我的名字。”

送科技下乡难在“最后一公里”。寻乌县果业局统筹县内果业专家力量，二十多名果业专家分为技术指导组和师资培训组，对乡镇和村果业技术人员及果农进行指导培训。寻乌还在全县169个拥有果业的行政村各聘请一名村级果业技术推广员，由县果业局和乡镇双重管理。“寻乌送果业技术下乡是集团军作战，上下不断线，有规模有计划，对果业快速发展起到了支撑作用。”果业局副局长李保炎表示。

寻乌不断加强与华中农业大学、江西农业大学、赣南国家脐橙工程技术研究中心等科研院所的联系，通过外部专家力量提升寻乌果业技术。该县吉潭镇橘都果业与赣南师范学院生命与环境科学学院结对联姻，在合作社设立“博士服务站”柔性引进18名博士，组建“博士服务团”定期开展免费技术指导。

“寻乌种果已经二十多年，果农对常规管理技术都没问题。目前寻乌仍然缺乏种植柑橘的尖端技术，引进新品种新技术推广时有些延迟。”王俊辉表示。王屋村果农王立明则希望：“政府及时更新病虫害预测、防控等技术，让我们能端稳果业这个金饭碗。”

农民承包地流转首选农机合作社

2015年1月6日，山西省原平市国土资源局进行了两周的土地流转专项调查，调查显示，全市目前共流转土地14.8万亩，其中74%的土地流转到农机专业合作社或农机大户手中。那么，为什么农民乐意将自己的土地流转到农机专业合作社与农机大户，而农机专业合作社与农机大户又为啥乐意接收流转土地呢？2015年1月29日，《农民日报》刊发的曹申义、兰帅同志的分析文章，通过作者详细的调查，发现主要有以下原因：

一是农村专业合作社信誉好。从目前的情况来看，农机专业合作社或农机大户拥有多台（套）农业机械，具有规模经营土地的能力，把土地流转给他们，更能体现土地的规模经营与现代效益。而且农机专业合作社或农机大户在支付流转金方面也具有优势，在比一般户可以每亩多支付100元左右的流转金的情况下，仍然可以获得较为理想的土地收益。

二是农机专业合作社可以有效杜绝非粮化。从原平的情况来看，农机专业合作社或农机大户基本上是以种粮为主，无论从政府层面，还是从农民来看，都乐意把土地流转给他们。这样，可以有效地防止土地流转后改变土地用途，更能确保土地以种粮为主的目的。

三是农机专业合作社可以确保土地等级的提升。农机专业合作社或农机大户具有掌握农机的优势，而且他们在流转到土地后，为了夺取丰产丰收，更乐意在土地的等级提升上下功夫，比如在秸秆还田、土地深松深耕等方面更舍得投入。这样，在土地流转后，不但可以确保土地等级不会下降，而且还会确保等级提升，即使几年后自己想继续耕种，也会得到更好的土地。

四是流转手续有效规范。由于农机专业合作社或农机大户接收流转的土地相对较多，因此在签订流转协议、规范双方的责任与义务方面也更加具体，来不得半点马虎。农民把土地流转给他们也更放心。

五是流转形式更加多样。从原平的情况来看，把土地流转给农机专业合作社具有多种形式，比如彻底流转，就是每亩收取500元的流转金后，所有收益归合作社或农机大户；作业流转，就是农户自备种子、肥料，所有农机作业项目由合作社或农机大户来完成，每亩支付300元作业费用，收益归农户所有；合作流转，由农户出土地，合作社或农机大户出种子、肥料及农机作业，收成按50%对半分成等。

合作让农民致富路越走越宽

土地合作向集约要效益

“如何靠种地来养家糊口？”这是曾经摆在吉林省四平市梨树县刘家馆子镇无数村民面前的难题。随着生产力的不断提高，以往家家户户分散经营的方式逐渐制约着农业发展，越来越多的农民想要从“靠天吃饭”的被动局面中走出来。

2015年，39岁的张洪军，这位家住苇田村的村民一直以来都依靠结婚时分得的四亩土地维持家庭生计，艰难的生活让他迫切希望寻求到出路。通过不断摸索思考，土地合作集约闯市场的想法浮现在张洪军的脑海中。

2013年，张洪军经过多方努力后成立了洪军农机养殖种植合作社，目前已经有123户农民加入合作社。张洪军将农户们原先分散的土地通过流转后进行统一管理，从播种到收割，有效提高了种地效率。

农机合作向规模要效益

由于土地流转面积不断增加，种植规模也随之不断扩大，作为洪军农机养殖种植合作社理事长的张洪军将土地统筹安排后划分给经过专业训练的农机手进行机械化操作。这样不仅让保养农机具的人作业量变得相对集中并且增多，也让使用农机具的农民节省了成本。

另外，张洪军还积极与刘家馆子镇农业站合作，对入社的农民实行种子化肥零差价提供。仅此一项，每户每公顷土地可以节约800元～1000元，平均每户节约2 500元左右。不仅如此，将土地统一管理后，农民还可以外出打工，为家庭增加收入。

刘家馆子镇苇田村党支部书记张晓东说："将土地进行集约化管理，除了风险共担、利益共享之外，更主要的是通过规模化降低成本，机械化提高产出，农民和经营主体在这一增一减之间都实现增收。"

联社合作向管理要效益

在土地流转合作中尝到甜头的张洪军并不满足于现状，而是又有了新的思考：只有抱团取暖才能实现共赢。经过深思熟虑后，张洪军又申请将合作社加入刘家馆子镇丰望合作联社，通过与其他加入联社的21家合作社共同合作赢得发展。

据悉，刘家馆子镇丰望合作联社在2014年经营的20公顷试验田大获丰收，成员年底分红时获益颇丰。2015年，丰望合作联社继续加大规模，并陆续将已经签约的2 600亩土地分包给各合作社，目前还有2 000亩土地已达成初步合作意向。

对于获得丰收的启示，理事长陆福这样回答："丰望合作联社在管理上实行总经理负责制，成立财务领导小组，并建立绩效评定等规章制度，提高了成员的承包积极性，另外合作联社的资源优势以及示范带头作用也为农民提供了保障。"

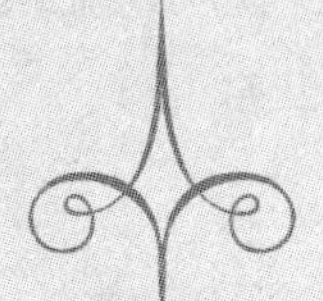

海外借鉴篇

国外家庭农场模式有哪些

美国：大中型家庭农场

美国的农业以家庭农场为主，由于许多合伙农场和公司农场也以家庭农场为依托，因此美国的农场几乎都是家庭农场。可以说美国的农业是在农户家庭经营的基础上进行的，具有如下特点：

经营规模化和组织方式多样化。从经营规模来看，其发展与趋势表现为农场数目的减少和经营规模的扩大。20世纪以来，美国家庭农场数量上升至89%，拥有81%的耕地面积，83%的谷物收获量，77%的农场销售额。

生产经营专业化。美国把全国分为10个“农业生产区域”，每个区域主要生产一两种农产品。北部平原是小麦带，中部平原是玉米带，南部平原和西北部山区主要饲养牛、羊，大湖地区主要生产乳制品，太平洋沿岸地区盛产水果和蔬菜。就是在这种区域化布局的基础上，建立和发展了生产经营的专业化。

土地所有权私有化。美国经过几十年的探索，于1820年建立了将共有土地以低价出售给农户、建立家庭农场的农业经济制度，正是这种制度的建立，促进了美国开发西部的热潮。

美国家庭农场是啥样?

斯诺农场位于美国康涅狄格州中部的费尔菲德县。如果不是红白两色的畜棚和散于各处的农业机械，人们很难想象在这个花园成荫、庭院成片、寸土寸金的地方有一座拥有94年历史的家庭农场。农场主人菲尔·斯诺从祖辈手中继承下这座占地60英亩的农场，并和家人一起经营。按照全美家庭农场联盟的定义，这是一家典型的家庭农场：家庭拥有农场的产权，家庭成员是农场的主要劳动力，并在运营管理方面负主要责任。家庭农场的规模不等，从占地数千英亩到几英亩都有。斯诺农场属中等规模。

法国：中型家庭农场

法国作为欧盟第一农业生产国，世界第二大农业和食品出口国，世界食品加工产品第一大出口国，其家庭农场的发展功不可没。

目前，法国有各类家庭农场66万个，平均经营耕地42公顷，其中60%的农场经营谷物、11%的农场经营花卉、8%的农场经营蔬菜、5%的农场经营养殖业和水果，其余为多种经营。75%以上的家庭农场劳力由经营者家庭自行承担，仅11%的农场需雇佣劳动力进行生产。由于近年来农产品市场竞争日趋激烈，加上用工成本的不断提高，法国的家庭农场出现了以兼并的形式不断扩大规模和发展农工商综合经营的产业化趋势。

法国农场专业化程度很高，按照经营内容大体可以分为畜牧农场、谷物农场、葡萄农场、水果农场、蔬菜农场等，专业农场大部分经营一种产品，以突出各自产品的特点为主。

日本：小型家庭农场

1946年至1950年，日本政府采取强硬措施购买地主的土地转卖给无地、少地的农户，自耕农在总农户中的比重占到了88%，耕地占到了90%；日本政府还把农户土地规模限制在3公顷以内。1952年制定的《土地法》把以上规定用法律形式固定下来，从此形成了以小规模家庭经营为特征的农业经营方式。

从20世纪70年代开始，日本政府连续出台了几个有关农地改革与调整的法律法规，鼓励农田以租赁和作业委托等形式协作生产，以避开土地集中的困难和分散的土地占有给农业发展带来的障碍因素。以土地租佃为中心，促进土地经营权流动，促进农地的集中连片经营和共同基础设施的建设。以农协为主，帮助核心农户和生产合作组织妥善经营农户出租或委托作业的耕地。这种以租赁为主要方式的规模经营战略获得了成功。

国外农庄是如何处理农作物秸秆的

2014年2月28日，粮食局科学研究院研究员丁声俊在《人民日报》上发表文章，介绍了国外特别是欧盟一些国家的家庭农场、农业合作社等农业企业把农作物秸秆当作资源进行开发利用，实现了经济生态双丰收。我国的家庭农场刚刚起步，应该好好借鉴一下国外一些农业企业的做法。

焚烧秸秆不但影响空气质量，而且是对农业资源的巨大浪费。一些国家的实践表明，通过政策等扶持手段，支持秸秆利用设备的研发、生产，把秸秆等生物资源的利用纳入国家新能源和可再生能源的发展规划，对生态建设和农业可持续发展具有重大战略意义

在德国巴登州一家农业合作社，一户农民家庭企业正在用鲜玉米秸秆制作“青储饲料”。玉米秸秆被放进水泥池，经压实、发酵就成为牲畜爱吃的饲料。业主称，“青储秸秆”是他家饲养的一百多头奶牛的优质饲料来源。

这是记者在德国等欧盟国家考察秸秆利用情况时经历的一幕。在多地考察调研中，我们切实感受到了德国等欧盟成员国，以保护生态环境和促进农业可持续发展为理念，以采取支持政策为保障，以加强科学研究为先导，已研究和开发出多种利用农作物秸秆的途径，形成了许多成熟的技术，取得了许多重大成果，秸秆作为重要资源已得到充分开发利用，获得了经济和生态“双丰收”。

利用农作物秸秆和森林废弃物进行直接燃烧发电，制取液体和气体燃料，是生物质能利用的两大领域

农作物秸秆可以用作生物质固体燃料，充当发电燃料等。目前在欧盟的多个成员国，利用农作物秸秆和森林废弃物进行直接燃烧发电，已成为生物质能利用领域的成熟技术。在瑞典和丹麦，以秸秆等生物质为燃料的小型热电联产已成为重要的发电和供热方式。在瑞典的可再生能源消费中，生物质能占了55%，生物质燃料在区域供热燃料中已占据主要地位。德国和意大利对包括秸秆在内的生物质固体颗粒技术和直燃发电也非常重视，生物质热电联产应用也很普遍。在丹麦，BWE公司率先研究开发秸秆生物燃烧发电技术，并早在1988年就建设了第一座秸秆生物质发电厂，以此为契机，生物质燃烧发电技术得到广泛应用，目前秸秆发电厂已达130家，成为丹麦的重要能源。在丹麦可再生能源消费中，生物质能占的比例高达81%。近十年来，丹麦不仅新建的热电联产项目都是以生物质为燃料，而且还将过去许多燃煤供热厂改为燃烧生物质的热电联产项目。迄今，丹麦以秸秆等生物质为燃料的发电技术，一直处于世界领先水平。

秸秆可以用作生物质液体燃料，用来制造燃料乙醇等。生物质能利用的第二大领域是利用生物质制取液体或气体燃料代替汽油或柴油。为保障世界粮食安全，欧盟积极寻找粮食和油料的可替代品，资源丰富的农作物秸秆和森林废弃物成为首选，正在开发利用为制取燃料乙醇的新原料。在德国的可再生能源消费中，生物质

能高达68.5%，主要为区域热电联产和生物液体燃料。在意大利，可再生能源消费中生物质能占24%，主要是固体废弃物发电和生物液体燃料。

秸秆可以用于生产生物质气体燃料，即秸秆气化技术等。这是指利用固定装置，对农作物秸秆在缺氧状态下进行热化处理，使其转化为二氧化碳、氢和甲烷等高品位能源的过程。德国很重视发展农作物秸秆沼气的技术和应用，大力加强秸秆收储技术设备研究，注重农作物秸秆的收集和储存，已实现机械化。德国开发利用秸秆沼气的重点在农村和城郊，并与畜牧养殖业、畜禽粪便处理、环境保护相结合。此外，德国的小型沼气燃气发电技术促使德国沼气发电站数量成倍增加。1999年，全德仅有850家沼气电站；到2000年就已经超过2 000家；目前德国沼气电站已超过3 000家，其中有60%以上采用玉米青储秸秆与畜禽粪便混合厌氧发酵产生沼气，进而用来发电。

重视技术研发和市场推广，成立联合及国家级研发机构，出台相关法律，用法制化手段促进秸秆再利用

为了促进包括农作物秸秆在内的可再生能源的发展，欧盟和各成员国都提出了明确的发展目标和要求，并采取了积极和务实的政策和措施：高价收购、投资补贴、减免税费和配额制度等。与此同时，欧盟国家高度重视生物质能、农作物秸秆的技术研发。不仅欧盟建立了联合研究中心，而且成员国也都设有国家级生物质技术研发机构，全面系统地对生物质原料的生产、转化技术、产品市场进行研究和推广。在生物质能源产品市场方面，欧盟强化了对生物能源产品标准化的研究，从固体颗粒燃料到生物柴油和燃料乙醇都有严格的质量标准。

一些国家出台相关法律，用法制化手段促进秸秆再利用，如德国就制定了较完备的生物质能源的法律法规和条例。早在新世纪之初，德国已先后制定和实施了《生物质条例》和《可再生能源法》。目前德国从沼气的制造利用、技术研发，到资金支持等都形成了完整的办法。

把农作物秸秆当作资源进行开发利用，具有重大经济和社会生态意义。首先，促进农作物秸秆资源化，使过去的“废物”变成了社会需要的生物质能源，以及优质有机肥料等。其次，促进发展生物质能源。以秸秆做原料生产的生物质能源可替代部分化石能源，从而有效减轻污染，促进生态农业发展。最后，促进发展农业循环经济。通过综合化开发利用农作物秸秆，拓展农业功能，提高农业效益，实现农业可持续发展。

秸秆还有其他多种有价值的用途，像用作有机肥料和种植草菇等。最简单的方法

是，把作物秸秆在田野上粉碎掩埋充作有机肥料，可有效增加土壤的有机质。最家常的方法是把农作物秸秆和生产沼气结合，既可获得大量燃气，而沼液和沼渣又是优质有机肥料。这种肥料，既富含农作物生长所需要的氮、磷、钾等元素，又含有以有机形态存在的硫、钙、镁、锌等微量元素，具有化肥所没有的益处：不偏肥，不缺素；效力长，效果好；改良土壤，利用率高；降低生产成本，增产又增效。与化肥相比，在同样产量下，可减少肥料使用量30%～40%，每亩投入可减少20元～50元。此外，以秸秆覆盖果园、油茶林等，也是其重要用途。对果园、油茶林连续覆盖3至5年，不仅可有效防止水土流失，而且还可增加土壤的有机质含量，增产效果也很明显。

我国是农业大国，也是林业大国，包括秸秆在内的生物质能资源量十分庞大，具有开发利用的良好条件

我国拥有各种农产品加工废弃物2亿吨以上。农作物秸秆变废为宝，将产生巨大的经济、生态和社会效益：可有力促进农村经济的发展，有效增加农民收入；可减少温室气体排放，保护环境，实现农业可持续发展；可促进调整能源结构，缓解能源资源矛盾。可见，农作物秸秆的能源价值更高。如果只利用农业籽实而抛弃作物秸秆，那么只开发利用了农产品的部分价值，而其余部分的价值就被白白浪费了。我国必须把开发利用农作物秸秆置于“大资源”的战略地位，把过去当作废弃物焚烧的秸秆变成具有多种用途的资源和财富来源。

农作物秸秆量大面广，分布在农村，充分开发利用对增加农民收入，促进农业可持续发展和农业现代化具有重要意义。对此，应制定明确的促进包括农作物秸秆在内的生物质能开发利用的政策和措施。目前应着力抓好以下要点：第一，积极研发秸秆利用设备和推广利用技术。像农作物秸秆固体颗粒成型技术和设备、生物质燃烧锅炉技术和设备都已成熟，我国应该加大对生物质固体颗粒技术的支持力度，使其在全国广大地区推广应用。第二，积极研发以农作物秸秆和林业副产物为燃料的小型热电联产发电技术设备。一般是区域性供电的中小型设施。一个秸秆发电厂的燃料收集半径应确定在适宜的范围内，以避免燃料供应不足和运输成本提高。根据国外经验，在秸秆电厂的成本中，燃料价格所占比重不超过50%。农作物秸秆发电是开发新型清洁能源和发展生态农业的事业，政府应该提供金融、税收支持。第三，要制定适当的措施，积极支持农村经纪人或专业合作社搜集和经营作物秸秆，使他们和农民群众从销售秸秆中得到合理的经济收入，以提高其积极性，从而最大限度地搜集、储存和利用农作物秸秆。第四，要把农作物秸秆开发利用的科研及其实用技术置于重要位置，特别是对急需的秸秆搜集设备、粉碎储存技术、发电技术

设备以及利用秸秆生产燃料乙醇技术，加大科研资金的投入。

开发利用量大面广的农作物秸秆，是一项关系到生态建设和农业可持续发展，具有重大战略意义的新兴产业。只要政策法规到位，必然有助于实现从思想观念到农业发展方式的深刻转变，过去被抛弃或仅是粗放利用的农作物秸秆，就会“变废为宝”资源化，加工方式工业化，开发利用循环化，经营供给市场化；有效促进农民小康化、农业发展持续化和农村环境优美化。

链接：我国秸秆利用扫描

我国是农业大国，农作物秸秆产量大、分布广、种类多。农业连年丰收，农作物秸秆产生量逐年增多，秸秆随意抛弃、焚烧现象严重，带来一系列环境问题。

据统计，2010年全国秸秆理论资源量为8.4亿吨，可收集资源量约为7亿吨。2010年，秸秆综合利用率达到70.6%，利用量约5亿吨。其中，作为饲料使用量约2.18亿吨，占31.9%；作为肥料使用量约1.07亿吨（不含根茬还田，根茬还田量约1.58亿吨），占15.6%；作为种植食用菌基料量约0.18亿吨，占2.6%；作为人造板、造纸等工业原料量约0.18亿吨，占2.6%；作为燃料使用量（含农户传统炊事取暖、秸秆新型能源化利用）约1.22亿吨，占17.8%。秸秆综合利用取得明显成效。

德国的农场是如何发展循环农业的

行走在德国，常常会看见乡间大捆大捆的秸秆被堆得整整齐齐。德国人用现代化收割机器将秸秆收拾得如此整齐以后，又是如何利用的呢？

在德国勃兰登堡州紧邻波兰的福斯特农业合作社，成捆的秸秆被堆放在饲料储放大厅内，经过粉碎处理的秸秆被堆放在户外，牛圈中也能看到秸秆的身影。

饲料仓库、牛圈、挤奶车间、生物发电站……在农场工作了50年的该合作社前任主席埃贡·拉泰说，他们一直遵循的原则是，秸秆是自然价值链的一部分，在农业循环中有一席之地。福斯特农场每年从冬季黑麦、冬小麦、大麦等植物上收获的秸秆有1 500吨。“收获秸秆和存放秸秆都是有成本的，也需要相应的现代技术，需要根据不同的天气进行处理和运输，在我们这里还需要粉碎。所有生长的东西都要好好地利用。”

在福斯特农场的1 500吨秸秆中，有1/4用于饲料，另外3/4用于铺设牛圈。坐在饲料配制车驾驶舱内，能感觉到后舱中的机器在隆隆运转，“这是机器在配制饲料，秸秆就是这其中的一个成分”。

给牛吃的饲料中各种成分的比例由专业的营养师精心搭配，其中秸秆是牛类健康饮食中重要的一部分。饲料中的秸秆必须经过碎化处理，然后由自动化的营养车按照调配比例收取、混合饲料。福斯特农业合作社有两台饲料配制车，均可以通过有关的软件和技术严格按照标准自动化进行饲料调配。

在刚刚出生的牛犊饲养区，每头小牛身下都铺着秸秆。这些小牛出生以后在这里接受特殊照顾约6至8天，铺设秸秆是为了让它们感觉柔软舒适，此外排泄物也可以被吸收，保持干燥卫生的环境。

据介绍，该农业合作社共有560头奶牛，每年平均产奶9 950升，产量相当高。怀孕的母牛会在户外活动和产子，它们脚下铺的也是秸秆。这也是出于舒适程度的考虑，怀孕的母牛体重增加，足底要承受更大的压力。此外，病牛也被安排到铺有秸秆的牛圈中。

秸秆铺设在牛圈后，最终与牛的粪便混在一起，成为农场的肥料，肥沃土壤。秸秆将有机物质、肥料和水分与土壤连接在一起，提供给植物吸收。最终让秸秆回到土壤，完成整个循环，这种有机肥料对涵养土地肥力非常重要。

2013年10月9日，全球首个以秸秆为原料生产纤维素乙醇的工业化装置在意大利克雷申蒂诺市正式启动。德国正在逐步向可再生能源转型，对排放量的规定非常严格，因此德国农场大多不会焚烧秸秆。

德国家庭农场发展对中国发展家庭农场的启示

1950年，一个德国农民只能养活10个人，而如今一个德国农民可以养活140个人。这是德国农业生产力发达的真实写照。在农业经济高度现代化的德国，农业的基本经济组织依然是家庭农场。

家庭农场在德国之所以有如此强的生命力是德国家庭农场在形成和发展过程中各种制度作用的必然结果，包括产权明晰的土地私有制、完备的法律体系、高度发达的教育体制等。

德国家庭农场的形成特征

（一）通过土地整理扩大家庭农场经营规模

德国在土地整理前，其农业结构适应了三圃制、农奴制、畜力耕种这种早期的政治制度及生产力发展水平，土地基本上都是零散的小块农田，分布在村庄的四面八方。这种分散的、细碎化的农户家庭经营方式很难摆脱落后的生产技术水平，带来的是农业机械化程度低、劳动生产率低、农产品商品率低、农业收益低等。这势必阻碍了资本、技术、人才等生产要素向农业领域转移。把分散的农业资源集中到少数经营者手中，实行农场化经营，是摆脱小农经济实现农业现代化的必然选择。

1953德国联邦政府出台了《土地整理法》，各州据此颁布了与之配套的法律、法规和行政管理条例。1976年，联邦政府对原有的土地整理法进行了重新修订，规范了土地整理概念。土地整理的基本含义是为改善联邦的农业和林业生产和工作条件，加快土地的合理开发和有效利用，促进农业生产技术进步，对乡村土地进行重新规划和调整。土地整理是在当地政府指导下，由参加土地整理的土地所有者共同组成的参加者联合会具体承担土地整理工作，主要是对不同所有者的农地进行互换、重新登记，并加以平整改造，使之连成一片。《土地整理法》内容详尽，从而使德国在乡村土地整理过程中出现的各种纠纷都可以依据《土地整理法》等相关法规来解决。经过严格细密的整理，德国农业用地实现了集中连片，为家庭农场生产规模扩大提供了基础，农业资源得到了合理开发和利用，农村生态环境得到了有效改善。

（二）统一的农地产权制度

德国土地所有权绝大部分属于私人，东西德合并后，对于原东德的公有农地实行了私有化改造，建立了统一的农地产权保护和管理制度。德国所有的土地实行登记制度，即地籍制度，地籍登记簿中的土地所有者是唯一受法律承认和保护的土地所有者。明晰的产权有效降低了土地流转的交易费用，家庭农场通过购买、租用原土地所有者的土地，快速实现了德国家庭农场经营规模的扩大。

（三）德国家庭农场中土地租赁普遍存在

为了扩大农场经营规模，联邦政府采取各种措施，鼓励那些有农田而没有经营能力或经营意向的所有者出租土地。为此原西德政府设立了“土地出租奖励”政策，对出租期限达到12至18年的长期出租，每公顷租地可获政府奖金500马克。该项政策实施后，土地租赁市场异常活跃，1966年至1975年间租地面积占到西德农地总面积的25%左右，到了80年代，这一比例提高到了38%。德国农场中有一半的农场是混合农场（德国农场按土地是否为农场主私人所有分为自耕农场、自耕和租赁经营相结合的混合农场、土地全部租入的纯租赁经营农场），而且这种混合农场所经营的土地面积也占到了德国农业用地的一半。东西德合并后，在土地私有化的过程中，农场使用的土地归还原主，农场主只好租赁那些重新获得土地所有权但已不再从事农业生产活动的所有者的土地。土地租赁比重进一步提高，现在，全德国现有53%的农地用于租赁经营，土地租赁现象普遍存在。

（四）家庭农场规模不断扩大，中小型家庭农场依然是农业经济发展主体

家庭农场经营规模的扩大，促进了德国农业机械化程度的提高，反过来，德国领先世界的机械化水平也有助于家庭经营规模的不断增长。以1960年为基期（当时判断大中小型农场的标准是：占地面积在10公顷以下的为小型农场，占地面积在10公顷~30公顷的农场为中型农场，占地面积在30公顷以上的为大型农场），大型农场占当时西德所有农场的比重为4.3%，中型农场所占比重为26.4%，小型农场所占比重为69.3%。中小型农场在总农场中所占的比重为95.7%。到了2007年（随着家庭农场规模的不断扩大，判断农场大小的标准也在调整，大中小型农场的标准是：占地面积在30公顷以下的为小型农场，占地面积在30公顷~100公顷的农场为中型农场，占地面积在100公顷以上的为大型农场），大型农场占所有德国农场的比重为8.5%，中型农场所占比重为27.2%，小型农场所占比重为64.3%。中小型农场数量依然占到了91.5%的比重。

（五）农场农业劳动力素质高

高素质的农业劳动力是德国农业现代化发展的源泉。根据德国法规，任何农民都必须经过教育，持证上岗。德国的农业教育主要有两种方式，一种是通过大学培养专门农业人才，另一种是通过职业培训获得农业从业资格。目前德国农业从业人员中，大约40%是通过大学培养的。因此，在德国家庭农场中，农场主很多都是具有学位的农业专业人才。另外一部分则是通过职业教育达到岗位要求。德国的职业教育可以说是举世闻名。在德国，农业职业教育分为三个层次，分别是初级农业职业教育、中级农业职业教育和高级农业职业教育。初级农业职业学校同其他行业职业学校学制一样，学习时间为三年，三年后学生需要参加全德统一的职业资格考试，考试分笔试、口试和实际操作三种形式，以实践操作技能为考试重点。合格人员取得职业资格证书方能成为正式的农民。在初级职业学校三年毕业后，方可继续上中级农业职业学校，学习三个学期。这期间主要学习内容是经营管理，主要目的是由农业生产向农业经营转变。由中级农业职业学校毕业并工作一年后可继续上高级农业职业学校，学制一年，主要学习企业管理和营销知识。高级农业职业学校主要培养农业企业管理人才。另外德国还有各种职业培训，包括种植、农机、畜牧、园艺、花卉等，培训课程根据农业发展需要丰富多彩。据统计，仅2008年，参加各项培训的德国人就有4.2205万人次。德国全面的教育体系为德国农业发展提供了高素质的劳动力，加上德国高度现代化的农业技术

设备，使德国农业达到了世界顶级水平。

德国家庭农场发展对中国发展家庭农场的启示

目前中国已有家庭农场约6 670个。在家庭农场发展中，笔者及其他一些学者的问卷调查结果显示，当前面临的最突出的问题有两个：一是如何才能加快土地的有序流转，二是谁来承担农场主角色。从德国家庭农场发展的特点，可以得出以下几点启示。

（一）加快完善土地流转相关的法律法规

德国法律中明确规定了土地的私有权力，产权明晰。中国有中国的国情不能照搬德国，但德国在土地流转过程中完备的法律制度值得我们借鉴。中国农业用地属于集体所有，土地流转只是指土地使用权流转，是拥有土地承包经营权的农户将土地经营权（使用权）转让给其他农户或经济组织，即保留承包权，转让使用权。但是农民的土地流出后，未来农民的承包权如何体现，法律上要有规定。虽然我国《农村土地承包法》《物权法》已经相继出台，但是依然存在界定不详尽、权责不明确等现象，在土地流转中存在着政府越位与缺位并存的局面，直接损害了农民的利益，影响了土地流转的长期稳定进行。因此，当前亟须完善相关的法律法规，对于土地如何流转、参与主体是谁、流转程序怎样规范操作、出现问题哪个部门来解决等，都要有明确规定。法律法规既要制定完善，更要加大宣传，只有这样，才能让流出土地的农民心中有底，土地流转才能顺利进行，家庭农场也才能快速发展。

另外，要加强立法执法工作，保障土地在流转中用途不被改变。为了保障农业的发展，防止土地集中到非农民手中，自1918年以来，德国对农地自由交易一直实行严格控制，严禁农用耕地的产权转让方向及经营方向的变更。农场主之间的土地交易，只有买卖双方的用途相同，双方才可商订交易，并要报政府批准。1986年原联邦德国专门颁布实施了《农地用益租赁交易法》，规定农地租赁实行合同备案制度，租赁期限一般为12至18年，出租价格要与土地价值相符。政府要对土地出租合同执行情况进行定期检查，重点要检查的是租地用途是否遭到了改变、是否出现转租等情况，如果发现有承租人未经批准转租，或者改变农地用途的现象，会要求当事双方立即解除合同。在我国目前的土地流转中，因为操作上的很多不规范，导致了一些土地在流转过程中农业用途改变，这严重影响了中国农业的持续稳定发展。因此，必须加强立法工作，使政府在监管过程中有法可依，有法必依。

（二）政府加大对土地流转的政策资金支持

受德国社会市场经济理论的影响，德国对农业发展的宏观管理较多。为了扩大家庭农场的经营规模，西德政府自20世纪60年代以来，采取了一系列相关措施。一是农户升级措施。为把原来经营规模在10公顷以下的小农场提升为经营规模在10公顷～20公顷及以上的中等规模农户，政府强制性地将一部分土地卖给地段临近的农场，购买土地的农场可享受到政府低息贷款的资助。在1967年原西德全国4 200起土地购买交易中，其中一半是通过政府低息贷款实现的。二是鼓励农户迁移。西德政府通过资助迁移费用，鼓励农户从人口密集的地方迁往人口稀少的地区，在迁入区建立新的较大规模的农场，同时也实现了原迁出区农场经营规模的扩大。三是投资信贷刺激。政府早在1969就颁布了《市场结构法》，该法规定，加入“生产者共同体”的农场，其生产规模必须达到10公顷以上，前三年政府向“生产者共同体”提供一定的财政补助，并且对于农场的各项投资给予20%的补贴。在信贷政策上同样规定，只有规模在10公顷以上的农场才能享受年息3%～7%的中长期低息贷款，规模在10公顷以下的农场只能得到年息8%～12%的短期贷款。四是鼓励农业劳动力转行、提前退休等。家庭农场规模的扩大必然需要一部分原来农业行业的从业人员流出，为此德国政府设立了各种专项基金，如“改行奖金”用于鼓励小农户流出农业行业、“提前退休奖金”用于鼓励农民提前退休。

德国政府的鼓励农户迁移、投资信贷支持、鼓励农民转行等资金支持政策对中国都有很好的借鉴意义。但对于农户升级过程中政府强制性的行为我们不可盲从。德国农地征收是有法律保障的，早在1821年黑森大公国就制定了第一个土地征收法，随后土地征收制度进入了1919年魏玛宪法内，第二次世界大战后，德国基本上承继了魏玛宪法的相关规定，奠定了德国土地征收法律制度的宪法基础。对于中国来讲，土地流转牵涉中国数亿农民的生产生活，强制行为可能会带来广大农村的社会不稳定，因此一定要在农民完全自愿的基础上实行。

（三）加大现代农场主的培育

农场主不是一般的农民能够胜任的，他既要懂生产，还要懂经营管理。当前我国农村许多地方都面临着“子不承父业”的问题，素质较好的农村劳动力纷纷流向非农产业或大城市，农业从业人员整体素质偏低。发展家庭农场，谁来当农场主？谁能当好这个农场主？这也是个大问题。目前来看，有以下两条途径：一是从农村中来，培养当前农村中的种养大户，他们最缺少的是经营管理方面的知识；二是从城市中来，鼓励农业院校的大中专毕业生到农村去，对他们来讲，更需要的是农业生产方面的实际经验。政府目前亟须做的是为这些中国未来的农场主提供完善的培训服务。从德国农业专业教育、职业教育经验来看，发展中国的农业教育任重而道远。

（四）加快发展农业社会化服务体系

应该建立健全适合家庭农场发展的社会化服务体系。农业合作社是德国家庭农场社会化服务的主要承担者。德国的农业合作社遍布德国农村各个地区，为家庭农场提供农产品生产、加工、销售以及信贷、农资供应、咨询等服务，成为农业产业化经营的重要组织载体。合作社不仅提高了农业生产和销售的组织化和产业化程度，推进了农业结构调整，而且在促进德国农村地区发展、提高农民收入、缩小城乡差别和地区差别等方面发挥了不可替代的作用。当前中国的合作社还处于起步阶段，加强合作社的建立和健全，为家庭农场发展提供良好的生产服务是今后一段时间的另一项重要工作。

丹麦的农场是如何利用秸秆作为供电取暖原料的

在丹麦的能源体系里，秸秆是一种重要原料。1993年，丹麦议会通过生物燃料协定，强调用生物燃料来发电和取暖，协定中特别提到提高秸秆在发电中的使用量，成为一种强制性改良。

根据丹麦生物能源创新组织提供的秸秆利用报告，如今每年用于发电和取暖的秸秆消耗量高达140万吨，占丹麦可再生能源产量的16%，占总体能源产量的2%～3%。在秸秆消耗总量里，52%的秸秆用于热电联产（简称CHP），24%用于地区局部供暖（简称DH）。

丹麦在1989年就建成了世界上第一个用秸秆做原料的热电联产站。传统的发电厂，40%～45%的能量转化为电，剩余的热量通过烟囱排放到空气中，冷水流进大海。而热电联产的优势在于大量减少冷源损失，将蒸汽再度冷却成可循环利用的水之后进行地区供暖，能源利用率大大提高，85%～90%的能源可以得到利用，其中20%～30%转化成电力，55%～70%转化成热量用来供暖。

阿维多2号建成于2002年，总花费为4亿欧元。其供电量为485兆瓦，可以满足80万家庭供电；供热量为570兆瓦，可以满足18万家庭取暖。它的工作原理是结合生物燃料、天然气和煤三种燃料，通过三种管道分别输送到蒸汽涡旋机和气体涡旋机，在发电的同时，剩余热量用来供暖。三种燃料共同协作的模式使它成为全球最高效灵活的发电站，能源利用率高达94%。它取代了三个旧式的能源利用率低的燃煤发电厂，二氧化碳排放量降低了10%。阿维多2号使用的生物燃料就是秸秆，秸秆用量每小时为25吨，每年用量为17万吨。丹麦大部分的发电厂将秸秆分成500千克一捆，起重机每次吊起12捆秸秆。

目前丹麦约有60个地区供暖厂是用秸秆做原料，能源使用率85%～90%。秸秆里还有10%～20%的水分，水分在高温下转化成蒸汽，丹麦的许多供暖厂安装了凝结设备，使得蒸汽冷却成水并得到循环利用。在这方面最成功的案例是丹麦的哈尔斯供暖站，气体首先在气旋机的运转下排出杂质，剩下的清洁气体转化成水之后用来供暖。在这些供暖站，秸秆被打成30厘米长的一捆，由当地农民送到供暖站。燃烧秸秆的锅炉都有传输管道相连，起货机抓取秸秆将其送到传输管道，秸秆自动传输到锅炉中。

除发电供暖外，丹麦对于秸秆的利用还包括制作生物乙醇、沼气等。尽管有些还没有走向商业化，但丹麦对秸秆的科研与利用一直都与自身的能源政策紧密相连。丹麦计划在2020年实现30%的能源供给来源于可再生能源，2050年实现化石燃料零消耗。

巴西的农场是如何体现中国元素的

佩尔迪济斯市位于巴西米纳斯州首府贝洛奥藏特西南部约800公里处，只有约2万人口，却是巴西最重要的农业产区之一。

巴西最大的土豆农场，同时也是巴西本土最大的农场之一“你好，巴西”农场就坐落在这里。温和的阳光洒在田埂上，农场一片翠绿，望不到尽头。

农场生产部经理埃迪森介绍说，该农场目前拥有6万公顷土地，其中佩尔迪济斯市附近有1.8万公顷，在另一大农业生产大州马托格罗索州还有3万公顷。农场自1990年开始种植大豆。随着中国对大豆的需求量越来越大，大豆已成为该农场重要的利润来源。据悉，目前农场50%的收入来自大豆销售。

拉美农产品对华出口，10年增长近6倍

从“你好，巴西”农场“中国元素”分量之重，可以管窥中拉农业贸易发展现状。

据巴西农业部近日发布的统计数字，2014年1月至11月，中国从巴西进口的农产品总值已达215.7亿美元，有望连续第二年成为巴西农产品最大出口目的地。统计显示，中国是巴西大豆的最大买家，仅此一项进口额就达169.6亿美元。2013年，中

国首次超过欧盟成为巴西农产品最大出口目的地。

自20世纪90年代中期起，中国与拉美地区的农产品贸易额不断增长，从2003年的52.77亿美元增至2013年的353.34亿美元，年均增长率21%。同期中国从拉美农产品的进口额由50.09亿美元增至329.48亿美元，增长558%；同期拉美占中国农产品贸易比重由13%升至19%，表明拉美已成为中国农产品供给的重要来源地。

中拉领导人高度重视农业合作。截至2014年，中国与拉美的16个国家签署了政府间农业合作备忘录，与12个国家建立了部门间农业合作联委会或工作组，与加勒比10个国家共同签署了《中国—加勒比农渔业合作联合声明》，搭建了农业合作工作平台。2013年6月，中国—拉丁美洲和加勒比农业部长论坛在北京召开，论坛通过了《中国—拉丁美洲和加勒比农业部长论坛北京宣言》，中拉农业合作进入机制化、常规化轨道。

2014年7月，中国—拉美和加勒比国家领导人会晤期间，中方倡议中拉共同构建“1+3+6”合作新框架，其中农业就是“6”大合作领域中的重要一项。5 000万美元的中拉农业合作专项资金，开始向双方合作项目提供支持。2015年1月，中国—拉共体论坛首届部长级会议举行，旨在进一步落实2014年7月的一系列合作倡议。

多元化发展，中拉农业合作新趋势

农业是中拉最具合作潜力的领域之一，双方具有良好的资源互补优势。分析人士认为，相对于能源、矿产领域的投资，中国在拉美地区投资农业的边际效用会更大。农业是一种兼具经济和社会效应双重功能的基础产业，中拉农业合作在抵抗全球粮食危机和减贫方面意义重大。

中拉农业合作已经呈现多元化发展趋势。近年来，不少拉美分析人士希望中拉能够在农业科技方面加强合作。阿根廷布宜诺斯艾利斯贝尔格拉诺大学经济学教授科罗拉·贝尔雅诺表示，目前中国从巴西、阿根廷等大量进口大豆、牛肉等初级农产品，而不是工业化制成品。这与拉美国家自身的工业结构不完善、初级农产品的工业化始终不到位有关。她希望未来中国企业能够在阿根廷当地投资设厂，生产更多高科技附加值产品。中国种植土豆的技术比巴西要先进很多，同中国进行更多技术层面的交流势在必行。

事实上，近年来中拉在农业发展及生物技术领域的合作互动不断，中国在拉美地区成立了中国—巴西农业科学联合实验室、中国—智利示范农场、中国—古巴辣木合作研究中心、中国—古巴农业示范园区、中阿食品科学与技术研发中心以及中秘农业科技研发中心等。

此外，中国企业也积极布局拉美市场。中粮集团已经与荷兰知名农产品及大宗商品贸易集团尼德拉正式签署协议，中粮收购尼德拉51%的股权，双方建立战略合作关系。这是迄今为止中国粮油行业最大规模的一次国际并购。中粮与尼德拉将建立资源、市场、信息等共享机制，并在种子业务等领域开展合作。除了在欧洲农业市场具有巨大优势，尼德拉在阿根廷、巴西、乌拉圭等南美地区也拥有完整的仓储和物流网络。中粮也借助其优势顺利进入拉美市场。阿根廷著名政治家、联合国工业发展组织前任总干事、全球中小企业联盟主席卡洛斯·马格里诺斯认为，中粮进入阿根廷市场意义巨大，很多阿根廷业内人士对此也表示欢迎，认为中国公司的进入将为阿根廷粮农市场带来更多的发展机会。

虽然中拉农业合作潜力巨大，但目前中国对拉美的农业投资范围依然有限，主要集中在巴西、阿根廷的大豆和玉米，秘鲁的渔业，牙买加的甘蔗种植业等。

巴西著名智库瓦加斯基金会巴西经济研究所农业经济研究中心研究员英格尼斯·洛佩兹认为，作为农业生产大国，巴西、阿根廷等同中国在食品安全方面有很大的合作空间，包括向中国出口健康安全的婴儿用奶等。

专家认为，中国应拓宽对拉美农业产业链投资的方式和渠道。除了大宗农产品贸易，中方还应参与到农产品物流基础设施项目投资中，或通过信贷供货合同参与农业开发投资，即中方提供信贷资金，对方用农产品偿还；此外，还可以与当地企业合作，共同分享农产品销售和出口利润；再有就是建立合资企业进行农产品深加工等。

国外农民培训，为现代农业插上翅膀

在由传统农业国家向现代工业化国家转变的过程中，伴随大量农村剩余劳动力向城市转移，许多农业大国都曾经历过务农人群老龄化、女性化、低文化程度化等现象。现代农业的发展，离不开农业劳动者素质的提高。一些农业大国在这一领域的做法，为我们提供了多重视角。

身份变迁，新型农民是个职业概念，与其他就业者只有职业的分别，没有身份、等级的差别和界限

1967年，法国著名社会学家孟德拉斯写了《农民的终结》一书。当时，法国正处于城镇化进程飞速发展末期，农业劳动者人口减少，大量青壮年外出，相对于城

市市民而言的农民逐步减少、消失。在一代人的时间里，法国目睹了一个千年文明变迁，为社会提供食物的农业劳动者在30年里减少到只有以前的1/3，从1946年到1975年，法国农业劳动力从占总人口的32.6%下降到9.5%。传统农民的终结，自然带来新型农民的诞生。

在英国，从中世纪后期大量农奴演变为自耕农以来，整个自耕农的结构也发生了深刻变化，逐步分化产生了富裕农民和雇工。由于生产规模的逐步扩大，富裕起来的农民已不再是传统意义上的农民，他们生活富足，从事资本主义性质的农业经营，许多人还雇佣部分劳动力，他们的身份甚至与乡绅、骑士等阶层越来越接近，界限也越来越模糊，经济、政治地位不断提高。

纵观世界各国，特别是欧洲、北美洲、亚洲等由传统农业国家演变为现代工业化的国家，他们在工业化和现代化的进程中，农民身份都发生了变迁。农民已完全是个职业概念，指的就是经营农场、农业的人。这个概念与其他职业并列，与其他就业者具有同样的公民权利，只有职业的分别，没有身份、等级的差别和界限。农民身份的转变大都通过两个渠道进行：一是在工业革命早期的剥削农民的道路。通过工业化和机械化促使农民大批破产或失业，促使农村剩余劳动力向城市转移，通过工业化推动农业的规模化和机械化，促进农民职业化的形成。二是工业革命后期的以福利农民的形式保护农民的发展道路。通过立法保护农业和农民，利用强大的经济实力补贴农业和农民，促进职业农民的教育培训，提高素质，催生现代农业和新型农民。

资格认证，农业生产经营者需有务农资格证书，同时，政府在税收、贷款、土地购买等方面提供诸多补助

世界各农业大国大都实行农业生产经营资格准入，尤其对规模经营实行农民资格考试，使宝贵的农业资源由高素质的农民使用和经营。同时，高度重视对农民的扶持保护，政府提供低息贷款、购买土地补助、减免税收、养老、医疗等社会保障。

法国是欧盟第一农业大国，农村干净漂亮，农民生活富足悠闲。法国的农民必须具有农业知识有资格证书才能务农。法国目前约有农民30万人，占总人口的0.5%。他们人均拥有的耕地达50公顷，不仅享受劳动保险，每年还可抽出一定时间休假。农民每次出售粮食、牛羊等都可凭票获得一定数额的农业补贴，还可以在购买农资时收回部分增值税。法国政府对农业发展的支持，不仅体现在农业补贴政策上和“零农业税政策”上，还体现在社会保障上。通过交纳养老社会保险以及居住

税和土地税，农民可以获得与城市居民一样的社会保障。他们可以免费看病，还可拿到养老金。

英国农业劳动力仅占全国劳动力的1.4%，农场主得到欧盟和英国政府的补贴，享受着英国的公民福利待遇。在北美和一些亚洲发达国家，农业的主要生产组织形式仍然是家庭农场，农业仍是一个受到高度重视和保护的传统行业。与其他行业如工业、服务业相比，农民所交纳的税明显要少，除了税收优惠，还有农业补贴、保险补贴，农民和市民已没有身份上的区别。

目前，农业从业者老龄化是世界性趋势，英国农场主平均年龄达到59岁，日本已接近70岁。欧盟一直关注农民老龄化和培养青年农民问题，在CAP（共同农业政策）新一轮改革议案中提出，将2%的直接支付专门用于支持40岁以下的青年农民从事农业。日本《青年振兴法》规定，由政府资助在村镇对青年农民进行培训，从而使农业教育更加正规化、现代化、制度化。法国政府规定，农场主退休前必须找到一个年轻农民经营他的土地，否则其土地要通过租赁并购等市场途径转让给周围农场经营；德国采取一系列优惠政策吸引青年人，尤其是大学农科专业毕业生，他们同等条件下可以优先购买或租赁土地。

政府主导，强化国家对农民教育培训的干预管理，将提高农民技能、培养职业农民作为推动农业发展的原动力

许多发达国家同时也是农业大国，在推进农业现代化过程中，虽因资源禀赋不同选择不同发展道路，但有一个共同点，即采取政府主导，强化国家对农民教育培训的干预管理，将提高农民技能、培养职业农民作为推动农业发展的原动力。

第一，普遍重视立法，通过立法强化政府干预，对农民教育培训权益提供有力保障。美国既是最发达的农业大国，也是高度法制化国家，有关农民教育培训的立法历史悠久、系统配套。英国《农业教育法》规定，农业就业人员只有在完成11年义务教育后，方可进入农业学校进行1至2年的学习。德国《联邦职业教育培训促进法》规定，农业从业者进岗前必须经过3年的正规职业教育，上岗后在农场还有3年学徒期。法国《农业教育指导法案》规定，农业部负责在全国建立农业教育培训体系，培养农业人才。日本《社会教育法》规定，利用公民馆、图书馆等设施对农村青少年、妇女、成人进行教育。

第二，建立层次分明、衔接贯通的农民教育培训体系，以政府资金投入为主渠道，借助先进的设施装备和现代教育技术，为农民提供免费、方便的终身教育培训服务。如德国具有初、中、高三个层次相互衔接、分工明确的农村职业教育体系。

此外还有逾50所农村业余大学，为农民提供终身教育。法国在农业高等职业教育之下，又在全国设有861所普通农业职业技术学校。澳大利亚农业职业教育实行学分制，在学历教育与职业教育之间架起桥梁，建立起文凭、学位与各类资格证书之间的立交桥，有效地利用社会教育资源开展农民教育培训。英国在各产业培训中，唯一能得到政府资助的就是农民教育培训。

第三，推进产教融合、校企结合、农学交替，贴近农业、贴近农民，突出在生产实践中提高农民生产技能和经营决策能力。德国农业职业教育采用的是农业实践和理论教学相结合的“双元制”模式。这种模式保障了学生理论培训与实习交互进行，对学员实习的农场资格也有明确要求。英国要求农业职业院校的教学内容以实用为先，强调实际技能教学，实践与理论教学的比率至少达到4：6，三年制学校实行“夹心式”的工读交替的教学方针和制度。

西方国家城市化离不开农业现代化

巴西和荷兰都是传统的农业国家，这两个国家的城市化却走了不同的路径。其差别不在于速度与规模，而在于农业现代化的程度。

巴西城市化的加速是从20世纪50年代开始的。在土地所有权不平等、投入少、农村人口受教育程度低等基本问题没有很好解决的情况下，巴西进入了城市化快车道，在大约50年的时间里城市化率达到了86%。

巴西的城市化就像是在单行道前进，只有城市化的“去”，没有农业现代化的“来”。在快速城市化期间，农业人口大批涌向城市，制造了延续至今的城市发展难题——就业压力大、贫富差距悬殊和犯罪率高。初次走进里约热内卢这座海滨都市的人，一定会在赞叹其美丽景色的同时，惊诧于那漫山遍野的贫民窟。

目前巴西经济已进入新的转型期，其面临的主要挑战之一就是弥补农业及其相关产业发展的短板。但是，要让这些已经走进城市的居民重新回到农业和相关产业中去，困难之大可想而知。

巴西城市化的教训告诉我们，对传统农业国来说，成功的城市化必须与农业现代化同步。论农业发展的气候、地理环境，巴西要优于荷兰，但就是因为农业现代化没有同步向前和不断扩展，城市与农村被分割成为两个不同的世界。

在荷兰，则是另一番景致：城市化与农业现代化相辅相成，城镇与乡村“你中有我、我中有你”。无论是在阿姆斯特丹近郊游览“民俗村”，还是在阿尔斯梅尔参观世界最大的花卉拍卖市场，游客都会对荷兰城市化的农村与农村化的城市留下深刻的印象。

荷兰是世界上人口密度最大的国家之一，每平方千米达435人。但就是这个人多地少的国家，在世界农产品出口排行榜上仅次于美国，列第二，其农产品每年的出口额高达800亿美元。

农业在荷兰无处不在，现代农业发展形成的辐射，已经伸展到了人们的日常工作与生活的脉络之中。蔬菜、花卉、牛奶、饲料和畜牧等的研发、销售、拍卖、运输等等，很多原来与农活相关的职业，现在成了城镇居民的普通工作。

荷兰农业就业人口虽然仅占全国就业人口的2.8%，但从事与农业相关的研究、加工、销售等行业的就业人口却超过了全国就业人数的20%。全球25家最大的食品和饮料加工企业，有4家是荷兰的，另外还有12家在荷兰设有分厂或研发机构。农村与城市的职业紧密连为一体，城乡差别逐步消失。

荷兰的经验说明，城市化可以是钢筋水泥的“森林”向农村的伸展，也可以是大片花田和草场向城镇延伸。农业现代化与城市化的同步，农村的城市化与城市的“农村化”携手共进，才能奠定可持续发展的坚实基础。

美国：农业科技推广很及时

走进美国明尼苏达州吉姆·考尔先生的家庭农场，仿佛进了一个先进农业机具的展览会——几幢高耸的圆形粮仓旁，整齐地停靠着十多台大型播种机、收割机、拖拉机……

“我们这座农场3 000英亩（1英亩约合0.4公顷），除了农忙时节临时雇请十多名工人帮忙外，其余时间都是我和两个儿子在打理。”考尔告诉《人民日报》记者，美国农业已经实现了高度的集约化和机械化，科技在农业生产中扮演重要角色。

在考尔家的农场中，施肥用的拖拉机全都安装了GPS导航仪。不同田块的肥力不尽相同，施肥时天上的卫星可以“指导”拖拉机，给相对贫瘠的田块多施一点儿肥，相对肥沃的田块则少施一些。每次施肥过后，几千英亩的农田便可实现肥力同等，为最大限度地谋求高产、稳产奠定了基础，也实现了化肥利用率的最大化，避免了过度施肥带来的环境污染。

考尔说，他与几家主要的种子公司、农业机械公司保持联系，这些公司会不断为他提供最新的农业科技咨询或寄来产品介绍。当地的农业推广员也会经常上门了解农业生产情况，并给农业生产提供最新的指导意见和病虫害信息等。

美国农业部西部研究中心研究员潘忠礼认为，考尔一家属于典型的美国现代农民，主动接受最新的农业科技信息，利用先进技术推动农业发展，逐渐成为美国广大农户的自觉选择。

总体来看，美国农民主要通过三种途径接受农业科技信息：第一，联邦政府和州政府资助的农业推广系统。在这一推广系统中，研究农学或农业机械的大学起主导作用，此类学校有专门负责农技推广的研究人员，其主要职责就是把先进的农业生产技术、防范病虫害技术、农业机械技术普及农户。

不过，这些大学里的研究人员并不经常走到与农民接触的第一线，直接与农民打交道的任务由专职的农业推广员来完成。根据农业作物的不同，美国各个县都配备了不同的农业推广员。这些农业推广系统的“神经末梢”，既整天在田地里摸爬滚打，又与大学里的研究员密切合作，既把先进的农业知识传授给农民，又把农民的实际需求和在生产中遇到的新问题反馈给研究员，成为农户与研究者之间的桥梁。

第二，美国的农业机械公司、种子公司等，在农民培训中承担了重要任务。与中国相比，美国的农业机械公司数量较少，农户也仅有数千户，因此公司与农户之间都是熟门熟客，这给最新农业机械的推广、普及带来了很大益处，机械公司有了什么新产品都可以及时告知农户，公司的销售和客服人员也都与农户建立了密切的联系。

美国农学研究重镇——加州大学戴维斯分校的生物与农业工程系，也是美国农业机械西部培训中心。这个中心与几乎所有的大型农具公司建立了联系，公司定期派人介绍、演示最新的农具用法，感兴趣的农户都可免费听课。

第三，美国还有许多农业种子、技术与机械方面的展销会，比如每年2月在加州中部弗雷斯诺市举办的国际农业机械展等，这些展销会堪称最新农业知识的“推广站”，农户可以在展销会上充分了解最新农业科技动态。

韩国：农业教育网络遍布全国

韩国全罗南道长城郡的长城未来农业大学（专科）近日宣布新设立柿饼专业和农村领导者专业，这吸引了众多韩国媒体的关注。

这是长城郡农业技术中心经过与农户和农业组织多方协商之后最终确定增加的两个专业。每个专业预计招收40名学生。柿饼为当地的名优特产，农村领导者专业则是为了适应与农业产业结合的第六产业发展而新设立的。第六产业是指把第一产业农产品生产、第二产业农产品加工和第三产业以农业体验、乡村旅游为代表的服务业等通过数字融合发展出的相应产业。农村领导者专业课程通过运作模拟乡村，开设农产品流通、营销、领导力提升等相关课程，以提升农民对市场的适应能力。

截至2012年，根据韩国统计厅数据，韩国只有291万农村人口，但农业教育网络却遍布全国。一是农业高中、农业专门大学、农协专门大学、农科大学等正规农业类学校；二是农业振兴厅开展的中央、道、市郡、邑面四级农业教育；三是各种民间组织，如新村营农技术人员中央会、全国农业技术人员联合会、农民教育协议会等开办的农村社会教育。

即使是像韩国首都首尔这样的大型城市也有农业技术中心。首尔市的农技中心正大力推广都市农业和市民回归乡村、回归农业的活动。记者就曾在首尔市市长朴元淳的办公室内看到市长栽培的各种蔬菜，足见其对农业的重视。农技中心也经常以市民为对象，开展都市农业和回归农村的相关教育课程和讲座，按类别不同分为市民体验教育、市民专业教育、农民专业教育和归农归村教育等。这些教育培训课程大多免费或只需缴纳少量资料费。

韩国农协作为韩国最主要的农业合作社组织，其主要职责之一就是对农业人口的教育及培训。随着韩国农业人口的老龄化、外来农业劳动者和女性从事农业的人数的逐渐增加，韩国农协也在增强对农村外籍结婚移民女性的农业教育。根据农协方面的调查，参与者对农业基础教育和一对一的指导教育课程满意度达到了90%以上。

以色列现代农业发展给我们带来什么启示

以色列的现代农业，究竟哪些是我们应该学习，而且又学得会、用得好的呢？

以色列在人口密度大、耕地面积少、水资源稀缺等十分困难的条件下，从一个既缺水又缺耕地的沙漠小国，发展成为一个农业技术和农产品生产加工发达的国家，成功地走出了一条依靠科技进步，集约、高效利用资源的现代农业发展道路。

这些年我国农业稳定发展，粮食生产实现“十一连增”，但也付出了不小的代价，农业资源环境已经亮起“红灯”，生态环境受损严重，承载能力越来越接近极限。破解农业生态环境和资源条件制约这两道“紧箍咒”，走可持续发展之路，倒逼农业必须加快转变发展方式。从这方面看，以色列农业现代化的经验，值得我们进一步研究借鉴。

转变农业发展方式，必须树立高效利用资源环境的理念。以色列从建国初期发展农业就面临两大难题：土地贫瘠和严重缺水。以色列现代农业发展的智慧不仅仅体现在对资源量的节约上，更是体现在资源利用效率的不断提高上。以色列对全国的水资源开发和管理进行统一管理，通过水土保护、污染防治、废水净化、海水淡化等工作，力求使水资源在农业生产中得到最有效的利用。以色列的土地利用效率也很高，他们一方面研发新的生产技术，不断地提高单产和效益；另一方面利用水利设施、滴灌、无土栽培等先进技术改造沙漠，积极地扩展耕地面积，让昔日的不毛之地变成了瓜果之乡。中国实现农业可持续发展，必须更加注重农业资源环境保护。现代农业必须是资源节约、环境友好的农业。坚持保护与治理并重，使透支的农业资源、环境得到休养生息，发展生态循环农业，提高资源利用效率。

转变农业发展方式必须充分发挥科技的创造力。以色列在恶劣的自然环境中发展出了世界一流的现代农业，他们所依靠的除了先进的理念外，主要是充分发挥了科技是第一生产力的作用。科技的价值在于不断满足和创造需求。以色列人没有充足的淡水资源，就创造了喷灌和滴灌技术；没有优良的土壤，就创造了无土栽培技术；没有适宜作物生长的夏季，就研发出了光热网膜技术等。中国要发展现代化农业，就必须更加注重技术创新，给农业插上科技的翅膀。推进农业发展方式转变，根本要靠创新驱动，加快农业科技创新步伐。要深化农业科技体制改革，推动农业科技资源整合与协同创新，促进农业科技成果转化应用。

从当前农业和农村发展及生态文明建设的实际出发，借鉴以色列资源节约型现代农业发展经验，走出一条科技含量高、经济效益好、资源消耗低、环境污染少、人力资源得到充分发挥的有中国特色的现代农业可持续发展之路，这既是方向，也是目标，需要我们共同努力。

从“农民”的变迁看新型农民的培育

纵观世界各国，特别是欧洲、北美洲、亚洲等由传统农业国演变为现代工业化的国家，他们在工业化和现代化的进程中，都发生了农民身份的变迁。农民阶层或者说身份的转变大都通过两个渠道进行：一是在工业革命早期的剥削农民的道路，通过工业化和机械化促使农民大批破产或失业，促使农村剩余劳动力向城市转移，通过工业化推动农业的规模化和机械化，促进农民职业化的形成。二是工业革命后期的以福利农民的形式保护农民的发展道路。通过立法保护农业和农民，利用强大的经济实力补贴农业和农民，促进农业农民的教育培训，提高素质，催生现代农业和新型农民。

直至今日，无论是在中国还是在西方，无论是在学术界还是社会各界，无论是农村社会学家、人类学家还是经济学家，在讨论究竟什么是“农民”时都面临巨大困难和困惑。很少有哪个名词像“农民”这样难以下定义。

西方学术界从20世纪60年代以来就兴起了“农民”定义问题的论战。到70年代中期，甚至有位德国学者抱怨：关于如何定义“农民”的论战已经拖得太久了，以至于不少人认为继续这种讨论纯属浪费时间与精力。现在看来，这一讨论仍将继续下去。

在当代发达国家，“农民”已完全是个职业的概念，指的就是经营农场、农业的人，这个概念与其他职业并列，与其他就业者一样都具有同样的公民权利，只有职业的分别，没有身份、等级的差别和界限。

中央农业广播电视学校副校长田桂山认为，今天，中国的“农民”还只是一个出生后就没有选择余地和选择权利的身份。改革开放以来特别是近十几年来，“农民”的身份性质已发生了巨大的改变，但要产生彻底的改变还将是一个相对较为漫长的过程。要实现由身份农民向职业农民、居民、公民的真正的平等转变，不仅仅是经济、社会发展的自然选择，更需要政治、法律制度的保护和促成。要推动中国特色新型工业化、信息化、城镇化、农业现代化道路，推动信息化和工业化深度融合、工业化和城镇化良性互动、城镇化和农业现代化相互协调，促进工业化、信息化、城镇化、农业现代化同步发展，要实现社会、经济的全面、和谐发展，必须实现“农民”从身份向职业的转变和过渡，实现城乡“二元”向“一元”的过渡，完成“农民”真正的身份上的变迁。

社会主义新农村建设是一项长期的系统工程，涉及方方面面。农民的文化素质和思想道德水平，在一定程度上决定着新农村建设的成败。由此，加强新型农民培训，培养有知识、懂科技、敢创新的新一代农民显得尤为重要。目前农民发展产业需要技术，许多农民因技术不成熟或不到位造成了很大损失。另外技术人员待遇偏低、工资不高，这些原因都影响了技术人员的积极性和主动性。提高真正懂技术人员的待遇，提高其学习和服务的积极性是农村工作当务之急。把真正懂技术的专业院校毕业生充实到技术队伍，加强技术考核，提高服务农村农民的积极性，激发创新活力，更好地为农村发展服务。

人才是农业发展的第一要素，农民是农业发展的第一主体。众所周知，由于长期存在的城乡二元结构，农村人才向城市的流动几乎成为一种不可逆转的趋势。在农村的发展当中，除了制度的合理性、资源的高效利用和配置之外，首要环节就是创新农村人才开发制度，培育真正符合两型农业发展需要的有文化、懂技术、会经营的新型农民，不断地增强农民的自我发展的能力，从而改变农业的“弱质性”，农业的转型发展才能有希望。

当前，对职业农民的培养至少存在着两个方面的阻碍：一是政府对职业农民的培养缺乏足够的重视，没有采取有力措施和办法来推进职业农民的培养；二是农民对自身职业能力培养意识的欠缺，对他们来说，种田就是天经地义的事情，是完全可以按照祖辈传下来的经验进行的工作，在农业生产中更多依赖的是传统经验。必须破除这两个方面的阻碍，完善职业农民的培育与扶持机制，全面提高农民的综合素质，使农民成为有文化、懂技术、会经营的现代新型职业农民，以形成推动传统农业向“两型”农业快速转变的主体力量。

创新职业农民的培育机制。职业农民是具有现代农业理念的农民，他们是农村建设“两型社会”的关键性因素。“两型”的理念能否得到贯彻，“两型”的举措能否得到全方位的实施，关键在于掌握“两型”标准和按照“两型”方式操作的农民数量的多少。而当前的农民，普遍存在受教育程度低、不能掌握现代化农业技术和经营理念等特点，而且农村人口分布较为分散，农事繁杂，不利于他们接受系统和正规的农业技术和农业经营方面的培训，因此在农村人才的培养方面，不能囿于传统的学校教育方式，而应当采取创新模式来进行。首先要将典型示范和农业技术推广结合起来，农民最注重实实在在的效应，如果能通过典型示范让农民看到切实的收益，就能够通过榜样的力量带动他们学习与模仿。其次是要将课堂教育与网络教育、远程教育结合起来。让农民在课堂内听课，从时间和形式上来看，有一定的困难，在现代信息技术不断加快推进的背景下，农民完全可以通过网络和通信设备实现和专家学者的无障碍交流，节约教学和培训成本，生动活泼的教学形式也将让他们更好地掌握课程内容。第三是将专业人才培养与业余人才培养结合起来。农村不可能人人成长为专业人才，农民也不需要掌握每门农业技术。农民们完全可以按照个性特点、能力强弱实现分工细化，实际操作中可以通过农业人才之间的协作解决好分工问题。

建构职业农民的培育体系。要尽快建立普及性农业教育体系、农民技术培训体系和农业技术推广体系，提升农业劳动力的整体素质。首先，要强化农业专业的设置，细化专业划分。农业生产涉及方方面面，要按照专业细化的要求，对从事专业作物种植的农民提供相应的细化培训，帮助他们掌握土壤、肥料、气候、种植栽培技术等方面的专业知识。对于从事农业市场运营的经纪人，要帮助他们学习市场经济知识，引导他们掌握市场供求关系，使得每个经纪人都成为市场经济的能手。其次，要实现理论学习与实践的深度融合。注重书本理论和田间地头的种植、养殖的结合，让农民从实践中完善自身的农业经验，实现两者之间的无缝衔接；通过专业技术支持体系的即时指导，实现对农业的有效支持。最后，将终身学习与学校教育结合起来。随着农业科学技术的进步，农业相关技术的发展日新月异，一次性的学校教育显然不能解决农民的技术饥渴问题，因此必须加强对农民的职业培训，建立长效体制和机制，随时更新职业农民头脑中的知识结构，帮助他们掌握最新的农业科技，并让他们将主动掌握最新农业科技的意愿转化为自觉和自愿的行动。

建立职业农民的扶持机制。职业农民不仅是发展“两型”农业的领头雁、生力军，也是对“谁来种地”这一问题的最好答案。新型的农业经营主体，需要建立扶持机制来保驾护航。一是培育、扶持家庭农场。出台对家庭农场的专门扶持政策，设立专项财政补助资金，开展家庭农场项目补贴，通过贷款贴息、以奖代补等方式扶持家庭农场开展农业规模经营，以满足家庭农场的生产流动资金、贷款和农田基础设施建设需要。二是扶持“两型”农业专业合作社。扶持一批示范性“两型”农业专业合作社的发展，支持开展信息技术服务、成员培训和购置加工、储运设备等。同时，强化规范管理，重点是完善专业合作社内部的运行机制，健全保障制度、利益分配机制和监督制衡机制，确保合作社健康运行。通过一系列的政策扶持，使“两型”农业专业合作社进一步壮大和发展。三是扶持“两型”农业龙头企业。重点扶持一批具有市场开拓能力、能进行“两型”农产品深加工、能带动基地生产的农产品加工龙头企业，培养一批优秀的农业经营管理人才。倡导职业农民在自主的基础上，建立不同利益的经济组织，也可以以土地承包经营权、资金、技术、劳动力等生产要素入股，加盟农业龙头企业，推进产销结合、农户与企业结合，加快农业现代化经营，提高农业抗风险能力，促进农业企业健康发展，从而推动土地相对集中，提高农民的组织化程度和生产经营水平。

附录

中共中央国务院
关于加大改革创新力度加快农业现代化建设的若干意见

2014年，各地区各部门认真贯彻落实党中央、国务院决策部署，加大深化农村改革力度，粮食产量实现“十一连增”，农民收入继续较快增长，农村公共事业持续发展，农村社会和谐稳定，为稳增长、调结构、促改革、惠民生做出了突出贡献。

当前，我国经济发展进入新常态，正从高速增长转向中高速增长，如何在经济增速放缓背景下继续强化农业基础地位、促进农民持续增收，是必须破解的一个重大课题。国内农业生产成本快速攀升，大宗农产品价格普遍高于国际市场，如何在“双重挤压”下创新农业支持保护政策、提高农业竞争力，是必须面对的一个重大考验。我国农业资源短缺，开发过度、污染加重，如何在资源环境硬约束下保障农产品有效供给和质量安全、提升农业可持续发展能力，是必须应对的一个重大挑战。城乡资源要素流动加速，城乡互动联系增强，如何在城镇化深入发展背景下加快新农村建设步伐、实现城乡共同繁荣，是必须解决好的一个重大问题。破解这些难题，是今后一个时期“三农”工作的重大任务。必须始终坚持把解决好“三农”问题作为全党工作的重中之重，靠改革添动力，以法治作保障，加快推进中国特色农业现代化。

2015年，农业农村工作要全面贯彻落实党的十八大和十八届三中、四中全会精神，以邓小平理论、“三个代表”重要思想、科学发展观为指导，深入贯彻习近平总书记系列重要讲话精神，主动适应经济发展新常态，按照稳粮增收、提质增效、创新驱动的总要求，继续全面深化农村改革，全面推进农村法治建设，推动新型工业化、信息化、城镇化和农业现代化同步发展，努力在提高粮食生产能力上挖掘新潜力，在优化农业结构上开辟新途径，在转变农业发展方式上寻求新突破，在促进农民增收上获得新成效，在建设新农村上迈出新步伐，为经济社会持续健康发展提供有力支撑。

一、围绕建设现代农业，加快转变农业发展方式

中国要强，农业必须强。做强农业，必须尽快从主要追求产量和依赖资源消耗的粗放经营转到数量质量效益并重、注重提高竞争力、注重农业科技创新、注重可持续的集约发展上来，走产出高效、产品安全、资源节约、环境友好的现代农业发展道路。

1. 不断增强粮食生产能力。进一步完善和落实粮食省长负责制。强化对粮食主产省和主产县的政策倾斜，保障产粮大县重农抓粮得实惠、有发展。粮食主销区要切实承担起自身的粮食生产责任。全面开展永久基本农田划定工作。统筹实施全国高标准农田建设总体规划。实施耕地质量保护与提升行动。全面推进建设占用耕地剥离耕作层土壤再利用。探索建立粮食生产功能区，将口粮生产能力落实到田块地头、保障措施落实到具体项目。创新投融资机制，加大资金投入，集中力量加快建设一批重大引调水工程、重点水源工程、江河湖泊治理骨干工程，节水供水重大水利工程建设的征地补偿、耕地占补平衡实行与铁路等国家重大基础设施项目同等政策。加快大中型灌区续建配套与节水改造，加快推进现代灌区建设，加强小型农田水利基础设施建设。实施粮食丰产科技工程和盐碱地改造科技示范。深入推进粮食高产创建和绿色增产模式攻关。实施植物保护建设工程，开展农作物病虫害专业化统防统治。

2. 深入推进农业结构调整。科学确定主要农产品自给水平，合理安排农业产业发展优先序。启动实施油料、糖料、天然橡胶生产能力建设规划。加快发展草牧业，支持青贮玉米和苜蓿等饲草料种植，开展粮改饲和种养结合模式试点，促进粮食、经济作物、饲草料三元种植结构协调发展。立足各地资源优势，大力培育特色农业。推进农业综合开发布局调整。支持粮食主产区发展畜牧业和粮食加工业，继续实施农产品产地初加工补助政策，发展农产品精深加工。继续开展园艺作物标准园创建，实施园艺产品提质增效工程。加大对生猪、奶牛、肉牛、肉羊标准化规模养殖场（小区）建设支持力度，实施畜禽良种工程，加快推进规模化、集约化、标准化畜禽养殖，增强畜牧业竞争力。完善动物疫病防控政策。推进水产健康养殖，加大标准池塘改造力度，继续支持远洋渔船更新改造，加强渔政渔港等渔业基础设施建设。

3. 提升农产品质量和食品安全水平。加强县乡农产品质量和食品安全监管能力建设。严格农业投入品管理，大力推进农业标准化生产。落实重要农产品生产基地、批发市场质量安全检验检测费用补助政策。建立全程可追溯、互联共享的农产品质量和食品安全信息平台。开展农产品质量安全县、食品安全城市创建活动。大力发展名特优新农产品，培育知名品牌。健全食品安全监管综合协调制度，强化地方政府法定职责。加大防范外来有害生物力度，保护农林业生产安全。落实生产经营者主体责任，严惩各类食品安全违法犯罪行为，提高群众安全感和满意度。

4. 强化农业科技创新驱动作用。健全农业科技创新激励机制，完善科研院所、高校科研人员与企业人才流动和兼职制度，推进科研成果使用、处置、收益管理和科技人员股权激励改革试点，激发科技人员创新创业的积极性。建立优化整合农业科技规划、计划和科技资源协调机制，完善国家重大科研基础设施和大型科研仪器向社会开放机制。加强对企业开展农业科技研发的引导扶持，使企业成为技术创新和应用的主体。加快农业科技创新，在生物育种、智能农业、农机装备、生态环保等领域取得重大突破。建立农业科技协同创新联盟，依托国家农业科技园区搭建农业科技融资、信息、品牌服务平台。探索建立农业科技成果交易中心。充分发挥科研院所、高校及其新农村发展研究院、职业院校、科技特派员队伍在科研成果转化中的作用。积极推进种业科研成果权益分配改革试点，完善成果完成人分享制度。继续实施种子工程，推进海南、甘肃、四川三大国家级育种制种基地建设。加强农业转基因生物技术研究、安全管理、科学普及。支持农机、化肥、农药企业技术创新。

5. 创新农产品流通方式。加快全国农产品市场体系转型升级，着力加强设施建设和配套服务，健全交易制度。完善全国农产品流通骨干网络，加大重要农产品仓储物流设施建设力度。加快千亿斤粮食新建仓容建设进度，尽快形成中央和地方职责分工明确的粮食收储机制，提高粮食收储保障能力。继续实施农户科学储粮工程。加强农产品产地市场建设，加快构建跨区域冷链物流体系，继续开展公益性农产品批发市场建设试点。推进合作社与超市、学校、企业、社区对接。清理整顿农产品运销乱收费问题。发展农产品期货交易，开发农产品期货交易新品种。支持电商、物流、商贸、金融等企业参与涉农电子商务平台建设。开展电子商务进农村综合示范。

6. 加强农业生态治理。实施农业环境突出问题治理总体规划和农业可持续发展规划。加强农业面源污染治理，深入开展测土配方施肥，大力推广生物有机肥、低毒低残留农药，开展秸秆、畜禽粪便资源化利用和农田残膜回收区域性示范，按规定享受相关财税政策。落实畜禽规模养殖环境影响评价制度，大力推动农业循环经济发展。继续实行草原生态保护补助奖励政策，开展西北旱区农牧业可持续发展、农牧交错带已垦草原治理、东北黑土地保护试点。加大水生生物资源增殖保护力度。建立健全规划和建设项目水资源论证制度、国家水资源督察制度。大力推广节水技术，全面实施区域规模化高效节水灌溉行动。加大水污染防治和水生态保护力度。实施新一轮退耕还林还草工程，扩大重金属污染耕地修复、地下水超采区综合治理、退耕还湿试点范围，推进重要水源地生态清洁小流域等水土保持重点工程建设。大力推进重大林业生态工程，加强营造林工程建设，发展林产业和特色经济林。推进京津冀、丝绸之路经济带、长江经济带生态保护与修复。摸清底数、搞好规划、增加投入，保护好全国的天然林。提高天然林资源保护工程补助和森林生态效益补偿标准。继续扩大停止天然林商业性采伐试点。实施湿地生态效益补偿、湿地保护奖励试点和沙化土地封禁保护区补贴政策。加快实施退牧还草、牧区防灾减灾、南方草地开发利用等工程。建立健全农业生态环境保护责任制，加强问责监管，依法依规严肃查处各种破坏生态环境的行为。

7. 提高统筹利用国际国内两个市场两种资源的能力。加强农产品进出口调控，积极支持优势农产品出口，把握好农产品进口规模、节奏。完善粮食、棉花、食糖等重要农产品进出口和关税配额管理，严格执行棉花滑准税政策。严厉打击农产品走私行为。完善边民互市贸易政策。支持农产品贸易做强，加快培育具有国际竞争力的农业企业集团。健全农业对外合作部际联席会议制度，抓紧制定农业对外合作规划。创新农业对外合作模式，重点加强农产品加工、储运、贸易等环节合作，支持开展境外农业合作开发，推进科技示范园区建设，开展技术培训、科研成果示范、品牌推广等服务。完善支持农业对外合作的投资、财税、金融、保险、贸易、通关、检验检疫等政策，落实到境外从事农业生产所需农用设备和农业投入品出境的扶持政策。充分发挥各类商会组织的信息服务、法律咨询、纠纷仲裁等作用。

二、围绕促进农民增收，加大惠农政策力度

中国要富，农民必须富。富裕农民，必须充分挖掘农业内部增收潜力，开发农村二三产业增收空间，拓宽农村外部增收渠道，加大政策助农增收力度，努力在经济发展新常态下保持城乡居民收入差距持续缩小的势头。

8. 优先保证农业农村投入。增加农民收入，必须明确政府对改善农业农村发展条件的责任。坚持把农业农村作为各级财政支出的优先保障领域，加快建立投入稳定增长机制，持续增加财政农业农村支出，中央基建投资继续向农业农村倾斜。优化财政支农支出结构，重点支持农民增收、农村重大改革、农业基础设施建设、农业结构调整、农业可持续发展、农村民生改善。转换投入方式，创新涉农资金运行机制，充分发挥财政资金的引导和杠杆作用。改革涉农转移支付制度，下放审批权限，有效整合财政农业农村投入。切实加强涉农资金监管，建立规范透明的管理制度，杜绝任何形式的挤占挪用、层层截留、虚报冒领，确保资金使用见到实效。

9. 提高农业补贴政策效能。增加农民收入，必须健全国家对农业的支持保护体系。保持农业补贴政策连续性和稳定性，逐步扩大“绿箱”支持政策实施规模和范围，调整改进“黄箱”支持政策，充分发挥政策惠农增收效应。继续实施种粮农民直接补贴、良种补贴、农机具购置补贴、农资综合补贴等政策。选择部分地方开展改革试点，提高补贴的导向性和效能。完善农机具购置补贴政策，向主产区和新型农业经营主体倾斜，扩大节水灌溉设备购置补贴范围。实施农业生产重大技术措施推广补助政策。实施粮油生产大县、粮食作物制种大县、生猪调出大县、牛羊养殖大县财政奖励补助政策。扩大现代农业示范区奖补范围。健全粮食主产区利益补偿、耕地保护补偿、生态补偿制度。

10. 完善农产品价格形成机制。增加农民收入，必须保持农产品价格合理水平。继续执行稻谷、小麦最低收购价政策，完善重要农产品临时收储政策。总结新疆棉花、东北和内蒙古大豆目标价格改革试点经验，完善补贴方式，降低操作成本，确保补贴资金及时足额兑现到农户。积极开展农产品价格保险试点。合理确定粮食、棉花、食糖、肉类等重要农产品储备规模。完善国家粮食储备吞吐调节机制，加强储备粮监管。落实新增地方粮食储备规模计划，建立重要商品商贸企业代储制度，完善制糖企业代储制度。运用现代信息技术，完善种植面积和产量统计调查，改进成本和价格监测办法。

11. 强化农业社会化服务。增加农民收入，必须完善农业服务体系，帮助农民降成本、控风险。抓好农业生产全程社会化服务机制创新试点，重点支持为农户提供代耕代收、统防统治、烘干储藏等服务。稳定和加强基层农技推广等公益性服务机构，健全经费保障和

激励机制，改善基层农技推广人员工作和生活条件。发挥农村专业技术协会在农技推广中的作用。采取购买服务等方式，鼓励和引导社会力量参与公益性服务。加大中央、省级财政对主要粮食作物保险的保费补贴力度。将主要粮食作物制种保险纳入中央财政保费补贴目录。中央财政补贴险种的保险金额应覆盖直接物化成本。加快研究出台对地方特色优势农产品保险的中央财政以奖代补政策。扩大森林保险范围。支持邮政系统更好服务“三农”。创新气象为农服务机制，推动融入农业社会化服务体系。

12. 推进农村一二三产业融合发展。增加农民收入，必须延长农业产业链、提高农业附加值。立足资源优势，以市场需求为导向，大力发展特色种养业、农产品加工业、农村服务业，扶持发展一村一品、一乡（县）一业，壮大县域经济，带动农民就业致富。积极开发农业多种功能，挖掘乡村生态休闲、旅游观光、文化教育价值。扶持建设一批具有历史、地域、民族特点的特色景观旅游村镇，打造形式多样、特色鲜明的乡村旅游休闲产品。加大对乡村旅游休闲基础设施建设的投入，增强线上线下营销能力，提高管理水平和服务质量。研究制定促进乡村旅游休闲发展的用地、财政、金融等扶持政策，落实税收优惠政策。激活农村要素资源，增加农民财产性收入。

13. 拓宽农村外部增收渠道。增加农民收入，必须促进农民转移就业和创业。实施农民工职业技能提升计划。落实同工同酬政策，依法保障农民工劳动报酬权益，建立农民工工资正常支付的长效机制。保障进城农民工及其随迁家属平等享受城镇基本公共服务，扩大城镇社会保险对农民工的覆盖面，开展好农民工职业病防治和帮扶行动，完善随迁子女在当地接受义务教育和参加中高考相关政策，探索农民工享受城镇保障性住房的具体办法。加快户籍制度改革，建立居住证制度，分类推进农业转移人口在城镇落户并享有与当地居民同等待遇。现阶段，不得将农民进城落户与退出土地承包经营权、宅基地使用权、集体收益分配权相挂钩。引导有技能、资金和管理经验的农民工返乡创业，落实定向减税和普遍性降费政策，降低创业成本和企业负担。优化中西部中小城市、小城镇产业发展环境，为农民就地就近转移就业创造条件。

14. 大力推进农村扶贫开发。增加农民收入，必须加快农村贫困人口脱贫致富步伐。以集中连片特困地区为重点，加大投入和工作力度，加快片区规划实施，打好扶贫开发攻坚战。推进精准扶贫，制定并落实建档立卡的贫困村和贫困户帮扶措施。加强集中连片特困地区基础设施建设、生态保护和基本公共服务，加大用地政策支持力度，实施整村推进、移民搬迁、乡村旅游扶贫等工程。扶贫项目审批权原则上要下放到县，省市切实履行监管责任。建立公告公示制度，全面公开扶贫对象、资金安排、项目建设等情况。健全社会扶贫组织动员机制，搭建社会参与扶贫开发平台。完善干部驻村帮扶制度。加强贫困监测，建立健全贫困县考核、约束、退出等机制。经济发达地区要不断提高扶贫开发水平。

三、围绕城乡发展一体化，深入推进新农村建设

中国要美，农村必须美。繁荣农村，必须坚持不懈推进社会主义新农村建设。要强化

规划引领作用，加快提升农村基础设施水平，推进城乡基本公共服务均等化，让农村成为农民安居乐业的美丽家园。

15. 加大农村基础设施建设力度。确保如期完成“十二五”农村饮水安全工程规划任务，推动农村饮水提质增效，继续执行税收优惠政策。推进城镇供水管网向农村延伸。继续实施农村电网改造升级工程。因地制宜采取电网延伸和光伏、风电、小水电等供电方式，2015年解决无电人口用电问题。加快推进西部地区和集中连片特困地区农村公路建设。强化农村公路养护管理的资金投入和机制创新，切实加强农村客运和农村校车安全管理。完善农村沼气建管机制。加大农村危房改造力度，统筹搞好农房抗震改造。深入推进农村广播电视、通信等村村通工程，加快农村信息基础设施建设和宽带普及，推进信息进村入户。

16. 提升农村公共服务水平。全面改善农村义务教育薄弱学校基本办学条件，提高农村学校教学质量。因地制宜保留并办好村小学和教学点。支持乡村两级公办和普惠性民办幼儿园建设。加快发展高中阶段教育，以未能继续升学的初中、高中毕业生为重点，推进中等职业教育和职业技能培训全覆盖，逐步实现免费中等职业教育。积极发展农业职业教育，大力培养新型职业农民。全面推进基础教育数字教育资源开发与应用，扩大农村地区优质教育资源覆盖面。提高重点高校招收农村学生比例。加强乡村教师队伍建设，落实好集中连片特困地区乡村教师生活补助政策。国家教育经费要向边疆地区、民族地区、革命老区倾斜。建立新型农村合作医疗可持续筹资机制，同步提高人均财政补助和个人缴费标准，进一步提高实际报销水平。全面开展城乡居民大病保险，加强农村基层基本医疗、公共卫生能力和乡村医生队伍建设。推进各级定点医疗机构与省内新型农村合作医疗信息系统的互联互通，积极发展惠及农村的远程会诊系统。拓展重大文化惠民项目服务“三农”内容。加强农村最低生活保障制度规范管理，全面建立临时救助制度，改进农村社会救助工作。落实统一的城乡居民基本养老保险制度。支持建设多种农村养老服务和文化体育设施。整合利用现有设施场地和资源，构建农村基层综合公共服务平台。

17. 全面推进农村人居环境整治。完善县域村镇体系规划和村庄规划，强化规划的科学性和约束力。改善农民居住条件，搞好农村公共服务设施配套，推进山水林田路综合治理。继续支持农村环境集中连片整治，加快推进农村河塘综合整治，开展农村垃圾专项整治，加大农村污水处理和改厕力度，加快改善村庄卫生状况。加强农村周边工业“三废”排放和城市生活垃圾堆放监管治理。完善村级公益事业一事一议财政奖补机制，扩大农村公共服务运行维护机制试点范围，重点支持村内公益事业建设与管护。完善传统村落名录和开展传统民居调查，落实传统村落和民居保护规划。鼓励各地从实际出发开展美丽乡村创建示范。有序推进村庄整治，切实防止违背农民意愿大规模撤并村庄、大拆大建。

18. 引导和鼓励社会资本投向农村建设。鼓励社会资本投向农村基础设施建设和在农村兴办各类事业。对于政府主导、财政支持的农村公益性工程和项目，可采取购买服务、政府与社会资本合作等方式，引导企业和社会组织参与建设、管护和运营。对于能够商业化运营的农村服务业，向社会资本全面开放。制定鼓励社会资本参与农村建设目录，研究制定财税、金融等支持政策。探索建立乡镇政府职能转移目录，将适合社会兴办的公共服务交由社会组织承担。

19. 加强农村思想道德建设。针对农村特点，围绕培育和践行社会主义核心价值观，深入开展中国特色社会主义和中国梦宣传教育，广泛开展形势政策宣传教育，提高农民综合素质，提升农村社会文明程度，凝聚起建设社会主义新农村的强大精神力量。深入推进农村精神文明创建活动，扎实开展好家风好家训活动，继续开展好媳妇、好儿女、好公婆等评选表彰活动，开展寻找最美乡村教师、医生、村官等活动，凝聚起向上、崇善、爱美的强大正能量。倡导文艺工作者深入农村，创作富有乡土气息、讴歌农村时代变迁的优秀文艺作品，提供健康有益、喜闻乐见的文化服务。创新乡贤文化，弘扬善行义举，以乡情乡愁为纽带吸引和凝聚各方人士支持家乡建设，传承乡村文明。

20. 切实加强农村基层党建工作。认真贯彻落实党要管党、从严治党的要求，加强以党组织为核心的农村基层组织建设，充分发挥农村基层党组织的战斗堡垒作用，深入整顿软弱涣散基层党组织，不断夯实党在农村基层执政的组织基础。创新和完善农村基层党组织设置，扩大组织覆盖和工作覆盖。加强乡村两级党组织班子建设，进一步选好管好用好带头人。严肃农村基层党内政治生活，加强党员日常教育管理，发挥党员先锋模范作用。严肃处理违反党规党纪的行为，坚决查处发生在农民身边的不正之风和腐败问题。以农村基层服务型党组织建设为抓手，强化县乡村三级便民服务网络建设，多为群众办实事、办好事，通过服务贴近群众、团结群众、引导群众、赢得群众。严格落实党建工作责任制，全面开展市县乡党委书记抓基层党建工作述职评议考核。

四、围绕增添农村发展活力，全面深化农村改革

全面深化改革，必须把农村改革放在突出位置。要按照中央总体部署，完善顶层设计，抓好试点试验，不断总结深化，加强督查落实，确保改有所进、改有所成，进一步激发农村经济社会发展活力。

21. 加快构建新型农业经营体系。坚持和完善农村基本经营制度，坚持农民家庭经营主体地位，引导土地经营权规范有序流转，创新土地流转和规模经营方式，积极发展多种形式适度规模经营，提高农民组织化程度。鼓励发展规模适度的农户家庭农场，完善对粮食生产规模经营主体的支持服务体系。引导农民专业合作社拓宽服务领域，促进规范发展，实行年度报告公示制度，深入推进示范社创建行动。推进农业产业化示范基地建设和龙头企业转型升级。引导农民以土地经营权入股合作社和龙头企业。鼓励工商资本发展适合企业化经营的现代种养业、农产品加工流通和农业社会化服务。土地经营权流转要尊重农民意愿，不得硬性下指标、强制推动。尽快制定工商资本租赁农地的准入和监管办法，严禁擅自改变农业用途。

22. 推进农村集体产权制度改革。探索农村集体所有制有效实现形式，创新农村集体

经济运行机制。出台稳步推进农村集体产权制度改革的意见。对土地等资源性资产，重点是抓紧抓实土地承包经营权确权登记颁证工作，扩大整省推进试点范围，总体上要确地到户，从严掌握确权确股不确地的范围。对非经营性资产，重点是探索有利于提高公共服务能力的集体统一运营管理有效机制。对经营性资产，重点是明晰产权归属，将资产折股量化到本集体经济组织成员，发展多种形式的股份合作。开展赋予农民对集体资产股份权能改革试点，试点过程中要防止侵蚀农民利益，试点各项工作应严格限制在本集体经济组织内部。健全农村集体“三资”管理监督和收益分配制度。充分发挥县乡农村土地承包经营权、林权流转服务平台作用，引导农村产权流转交易市场健康发展。完善有利于推进农村集体产权制度改革的税费政策。

23. 稳步推进农村土地制度改革试点。在确保土地公有制性质不改变、耕地红线不突破、农民利益不受损的前提下，按照中央统一部署，审慎稳妥推进农村土地制度改革。分类实施农村土地征收、集体经营性建设用地入市、宅基地制度改革试点。制定缩小征地范围的办法。建立兼顾国家、集体、个人的土地增值收益分配机制，合理提高个人收益。完善对被征地农民合理、规范、多元保障机制。赋予符合规划和用途管制的农村集体经营性建设用地出让、租赁、入股权能，建立健全市场交易规则和服务监管机制。依法保障农民宅基地权益，改革农民住宅用地取得方式，探索农民住房保障的新机制。加强对试点工作的指导监督，切实做到封闭运行、风险可控，边试点、边总结、边完善，形成可复制、可推广的改革成果。

24. 推进农村金融体制改革。要主动适应农村实际、农业特点、农民需求，不断深化农村金融改革创新。综合运用财政税收、货币信贷、金融监管等政策措施，推动金融资源继续向“三农”倾斜，确保农业信贷总量持续增加、涉农贷款比例不降低。完善涉农贷款统计制度，优化涉农贷款结构。延续并完善支持农村金融发展的有关税收政策。开展信贷资产质押再贷款试点，提供更优惠的支农再贷款利率。鼓励各类商业银行创新“三农”金融服务。农业银行三农金融事业部改革试点覆盖全部县域支行。农业发展银行要在强化政策性功能定位的同时，加大对水利、贫困地区公路等农业农村基础设施建设的贷款力度，审慎发展自营性业务。国家开发银行要创新服务“三农”融资模式，进一步加大对农业农村建设的中长期信贷投放。提高农村信用社资本实力和治理水平，牢牢坚持立足县域、服务“三农”的定位。鼓励邮政储蓄银行拓展农村金融业务。提高村镇银行在农村的覆盖面。积极探索新型农村合作金融发展的有效途径，稳妥开展农民合作社内部资金互助试点，落实地方政府监管责任。做好承包土地的经营权和农民住房财产权抵押担保贷款试点工作。鼓励开展“三农”融资担保业务，大力发展政府支持的“三农”融资担保和再担保机构，完善银担合作机制。支持银行业金融机构发行“三农”专项金融债，鼓励符合条件的涉农企业发行债券。开展大型农机具融资租赁试点。完善对新型农业经营主体的金融服务。强化农村普惠金融。继续加大小额担保财政贴息贷款等对农村妇女的支持力度。

25. 深化水利和林业改革。建立健全水权制度，开展水权确权登记试点，探索多种形式的水权流转方式。推进农业水价综合改革，积极推广水价改革和水权交易的成功经验，建立农业灌溉用水总量控制和定额管理制度，加强农业用水计量，合理调整农业水价，建立精准补贴机制。吸引社会资本参与水利工程建设和运营。鼓励发展农民用水合作组织，扶持其成为小型农田水利工程建设和管护主体。积极发展农村水利工程专业化管理。建立健全最严格的林地、湿地保护制度。深化集体林权制度改革。稳步推进国有林场改革和国有林区改革，明确生态公益功能定位，加强森林资源保护培育。建立国家用材林储备制度。积极发展符合林业特点的多种融资业务，吸引社会资本参与碳汇林业建设。

26. 加快供销合作社和农垦改革发展。全面深化供销合作社综合改革，坚持为农服务方向，着力推进基层社改造，创新联合社治理机制，拓展为农服务领域，把供销合作社打造成全国性为“三农”提供综合服务的骨干力量。抓紧制定供销合作社条例。加快研究出台推进农垦改革发展的政策措施，深化农场企业化、垦区集团化、股权多元化改革，创新行业指导管理体制、企业市场化经营体制、农场经营管理体制。明晰农垦国有资产权属关系，建立符合农垦特点的国有资产监管体制。进一步推进农垦办社会职能改革。发挥农垦独特优势，积极培育规模化农业经营主体，把农垦建成重要农产品生产基地和现代农业的示范带动力量。

27. 创新和完善乡村治理机制。在有实际需要的地方，扩大以村民小组为基本单元的村民自治试点，继续搞好以社区为基本单元的村民自治试点，探索符合各地实际的村民自治有效实现形式。进一步规范村“两委”职责和村务决策管理程序，完善村务监督委员会的制度设计，健全村民对村务实行有效监督的机制，加强对村干部行使权力的监督制约，确保监督务实管用。激发农村社会组织活力，重点培育和优先发展农村专业协会类、公益慈善类、社区服务类等社会组织。构建农村立体化社会治安防控体系，开展突出治安问题专项整治，推进平安乡镇、平安村庄建设。

五、围绕做好“三农”工作，加强农村法治建设

农村是法治建设相对薄弱的领域，必须加快完善农业农村法律体系，同步推进城乡法治建设，善于运用法治思维和法治方式做好“三农”工作。同时要从农村实际出发，善于发挥乡规民约的积极作用，把法治建设和道德建设紧密结合起来。

28. 健全农村产权保护法律制度。完善相关法律法规，加强对农村集体资产所有权、农户土地承包经营权和农民财产权的保护。抓紧修改农村土地承包方面的法律，明确现有土地承包关系保持稳定并长久不变的具体实现形式，界定农村土地集体所有权、农户承包权、土地经营权之间的权利关系，保障好农村妇女的土地承包权益。统筹推进与农村土地有关的法律法规制定和修改工作。抓紧研究起草农村集体经济组织条例。加强农业知识产权法律保护。

29. 健全农业市场规范运行法律制度。健全农产品市场流通法律制度，规范市场秩序，促进公平交易，营造农产品流通法治化环境。完善农产品市场调控制度，适时启动相

关立法工作。完善农产品质量和食品安全法律法规，加强产地环境保护，规范农业投入品管理和生产经营行为。逐步完善覆盖农村各类生产经营主体方面的法律法规，适时修改农民专业合作社法。

30. 健全“三农”支持保护法律制度。研究制定规范各级政府“三农”事权的法律法规，明确规定中央和地方政府促进农业农村发展的支出责任。健全农业资源环境法律法规，依法推进耕地、水资源、森林草原、湿地滩涂等自然资源的开发保护，制定完善生态补偿和土壤、水、大气等污染防治法律法规。积极推动农村金融立法，明确政策性和商业性金融支农责任，促进新型农村合作金融、农业保险健康发展。加快扶贫开发立法。

31. 依法保障农村改革发展。加强农村改革决策与立法的衔接。农村重大改革都要于法有据，立法要主动适应农村改革和发展需要。实践证明行之有效、立法条件成熟的，要及时上升为法律。对不适应改革要求的法律法规，要及时修改和废止。需要明确法律规定具体含义和适用法律依据的，要及时做出法律解释。实践条件还不成熟、需要先行先试的，要按照法定程序做出授权。继续推进农村改革试验区工作。深化行政执法体制改革，强化基层执法队伍，合理配置执法力量，积极探索农林水利等领域内的综合执法。健全涉农行政执法经费财政保障机制。统筹城乡法律服务资源，健全覆盖城乡居民的公共法律服务体系，加强对农民的法律援助和司法救助。

32. 提高农村基层法治水平。深入开展农村法治宣传教育，增强各级领导、涉农部门和农村基层干部法治观念，引导农民增强学法遵法守法用法意识。健全依法维权和化解纠纷机制，引导和支持农民群众通过合法途径维权，理性表达合理诉求。依法加强农民负担监督管理。依靠农民和基层的智慧，通过村民议事会、监事会等，引导发挥村民民主协商在乡村治理中的积极作用。

各级党委和政府要从全面建成小康社会、加快推进社会主义现代化的战略高度出发，进一步加强和改善对“三农”工作的领导，切实防止出现放松农业的倾向，勇于直面挑战，敢于攻坚克难，努力保持农业农村持续向好的局面。各地区各部门要深入研究农业农村发展的阶段性特征和面临的风险挑战，科学谋划、统筹设计“十三五”时期农村改革发展的重大项目、重大工程和重大政策。加强督促检查，确保各项“三农”政策不折不扣落实到位。巩固和拓展党的群众路线教育实践活动成果，坚持不懈改进工作作风，努力提高“三农”工作的能力和水平。

让我们紧密团结在以习近平同志为总书记的党中央周围，开拓创新，扎实工作，加快农村改革发展，为全面建成小康社会做出新的贡献！